自在余生

——人生尾程面面观

For the Rest of My Life

燕 秦 ◎ 著

湖南科学技术出版社

图书在版编目（ＣＩＰ）数据

自在余生 : 人生尾程面面观 / 燕秦著. — 长沙 :湖南
科学技术出版社，2022.2
　　ISBN 978-7-5710-1363-9

　　Ⅰ．①自… Ⅱ．①燕… Ⅲ．①老年人－生活－研究－中国
Ⅳ．①D669.6

　　中国版本图书馆 CIP 数据核字(2021)第 268253 号

ZIZAI YUSHENG——RENSHENG WEICHENG MIANMIAN GUAN
自在余生——人生尾程面面观
著　　　者：燕　秦
出 版 人：潘晓山
责任编辑：李　叶　谢俊木子
出版发行：湖南科学技术出版社
社　　　址：长沙市芙蓉中路一段 416 号泊富国际金融中心
邮购联系：0731-84375808
印　　　刷：湖南省汇昌印务有限公司
　　　　　　（印装质量问题请直接与本厂联系）
厂　　　址：长沙市望城区丁字湾街道兴城社区
邮　　　编：410299
版　　　次：2022 年 2 月第 1 版
印　　　次：2022 年 2 月第 1 次印刷
开　　　本：880mm×1230mm　1/32
印　　　张：5.25
字　　　数：74 千字
书　　　号：ISBN 978-7-5710-1363-9
定　　　价：32.00 元

序　言

时间是分段落的，生命散落在时间里，所以生命也是有段落的。生活是有节奏的，生命游荡在生活里，所以生命也是有节奏的。生死是有界碑的，生命奔波在生死间，所以生命也是有界碑的。

幼年是生命含苞待放的节奏，青年是生命蓬勃绽放的节奏，中年是生命芳香四溢的节奏，老年是生命叶落蒂枯的节奏。从幼年到青年再到中年，是生命一路高歌猛进的时期，生命的箭头直指抛物线的顶峰。叶落蒂枯的老年，是迟缓的、萧索的、寂寥的，甚至是伤感的、悲凉的。

但是，在生命的里程里，有幸拥有叶落蒂枯的景观，在伤感和悲凉之外，又是欣喜的、辽阔的，说明你已经拥有了生命的所有篇章，至少在时间的坐标上，你的生命周期已经接近完整。比起那些中途拐道、意外走失而无缘跨进人生晚年的人，这是一种价值连城的幸运。

对生命来说，很多我们以为司空见惯、理所当然的事情，其实都是一个跟着一个的奇迹。想想看，一个人从细胞孕育到生命停歇，这当中要经历多少阶段和细节，要跨过多少明沟暗渠、越过多少山山水水，其中的每一个时空点，每一个经纬度，都可能是生命的黑洞和生命宇宙的坍缩点。如果说，生命的总和是一个大的积分，那么这个积分的每一个微分，都可能是一个令人忐忑不安的节点。

可是，古往今来，竟然有那么多的人能够一生鲜衣怒马、神采飞扬，活到八九十岁，甚至上百岁。在今天，就算你再漫不经心，活到五十岁、六十岁，也是一件容易完成的事。这些看起来很自然的事，虽然可能蕴含着上天无数个额外的偏心和眷顾，但其实任何生命的出发和前行，都是不畏艰险、排除万难的结果。一想起这些，就让人不能不感动和激动。

如果你把生命的最后里程，不是当作生命无奈的完结，而是当作生命有序的完成，那么，叶落蒂枯，就不是你的落寞和寂寥，更不是你的荒芜和悲凉，而是高山坠石的又一次怦然心动，是万岁枯藤的又一次岁月静好。此时此刻，此情此景，此生此世，你不仅不会四顾茫然，而且会觉得风景这边独好。

一个人以哪种状态走完人生的最后一段行程，取决于两点：第一，对待晚年生活的态度；第二，对待死亡来临的态度。前者是一个形而下的现实问题，后者是一个形而上的哲学问题。它们相互影响和制约。从深刻性来说，后一个问题对前一个问题的影响力更大、制约力更强。后一个问题如果解决不好，甚至回避这个问题，就会使人的晚年生活羁绊在对死亡的幻想和恐惧中。

这是因为，晚年是生命离死亡最近的地方，是死亡的隔壁邻居，敲一下门就可以听到死亡的声音。而死亡，则是晚年挣脱不了的万有引力。就像苹果要坠落大地一样，谁都得响应万有引力的召唤。因此，人们需要有清醒的头脑和强大的心理，才能坦然地向生命终结迈进。即便不能做到闲庭信步，起码也不至于慌里慌张、徒劳无功地往后退缩。

所以，既不能因为"好日子不多"而自我放纵、气节沦丧，也不能因为"离死亡很近"而自我放弃、情绪低落。晚年是整个生命的一部分，你应当让它努力保持并继续丰富生命既有的内涵，履行好捍卫生命品质的职责，做到放松而不放纵。同时，晚年虽然是离死亡最近的地方，但并不是死亡本身，所以不应当放弃。晚年是有明天的，只是明天逐渐变少而已。正因为它越来越少，所以弥足珍贵。正像电视剧《士兵突击》的台词里所说，任何时候，你都要"不抛弃""不放弃"，全心全意地呵护好、安享好生命的晚年。

尽管大家都知道，有多少生命诞生，就会有多少生命死亡，不会多一个，也不会少一个。但谈论死亡，是一件比较忌讳的事。关于死的说法有很多种：有的为了高古，不说"死"而说"亡"；有的为了文雅，不说"死"而说"故"；有的为了褒贬，不说"死"而说"毙"；有的为了等级，不说"死"而说"薨"；还有一种，就是最为流行和通用的，为了含蓄和避讳，不说"死了"，而说"走了""去了""不在了"，等等。死亡是生命的一种必然结果，既然不能逃避，那也就不要回避。可取可行的选择是，正视而不忽视，敬畏而不恐惧。

读一首诗，要从一段跳到另一段。看一本书，要从一页翻到另一页。写一篇文章，经常需要另起一行。生命亦如此，生活亦如此。进入晚年，也就是到了生命和生活的另一行、另一段、另一页。既然换了场地，到了"另"处，就需要另抱薪火、另起炉灶。如果你想知道，这个炉灶"另"在何处；如果你想知道，这个炉灶里的火应当是什么样的；如果你想知道，如何让这个灶的火苗更亮堂；当然，更主要的，如果你想知道，这个炉灶里的火，能陶冶出什么样的成色、烘焙出什么样的芬芳、酝酿出什么样的意蕴，那么，请看这本《自在余生——人生尾程面面观》。

或许，看过之后，你会有所触动和感悟，甚至有一种惊醒：原本以为可以得过且过、少一天是一天的人生尾程，竟能像云霓一样多姿多彩！正如书名一样，本书的内容和风格也很爽快，把你直接拽到命运交接的前沿，让你躲无可躲地面向人生的照壁。如果说，"品质"是本书所坚守的生命尾程的核心价值观，那么，"自觉自主、健康快乐、洞达通透"就是本书的主题词。不自觉无以自主，不健康无以快乐，不洞达无以通透。惟愿你通过阅读此书，把"余生"的"余"转换成"富余"的"余"，把"余生"的"生"替换成"生动"的"生"，让自己的余生过得自觉些、充实些、快意些、智慧些。

最后，用曹操《龟虽寿》中的四句诗作为本文的
结尾：

神龟虽寿，犹有竟时。

……

养怡之福，可得永年。

于人　庚子岁末于边庐

目　录

第一章

放眼余生

1.1 致余生

退休，就是退出工作岗位，进入休息、休养、休闲状态，它是一个人进入余生阶段的基本标志。退休，是人专属的快乐。在庞大的生物界，唯有人可以享受这种快乐。退休，是生命后期的重要阶段，是一种基于人文关怀的制度安排。无论是谁，活不到退休这一天，他就享受不到这种晚霞般的快乐。退休，是一个人人生旅途的重要驿站和职业生涯的必然归宿。然而，人们从退休起，就开启了人生的余生键，就意味着时间的洪流带走了他生命的大部，人生进入了尾程。这便是"夕阳无限好，只是近黄昏"。

人们退休之后，没有了公务，没有了上下班，就有了更多的闲暇时光，获得了无拘无束的自由：时间自由安排，精力自由支配，目标自由选择，成果自由收获；

生活可以很充实踏实，可以很开心快乐，并从中老有所为，老有所乐。但是，也可能出现一种始料未及的情形，那就是新旧角色间会出现矛盾冲突，形成"离退休综合征"或者"退休断乳期"：过去几十年忙惯了，突然告别陀螺似旋转的生活，反而有些不习惯；过去想要的自由和时间，现在多到手足无措，一时感觉没着没落，找不到好好生活的意义。有的人性情大变，简直像换了一个人一样。更有甚者，试图通过种种比较极端的方式刷存在感，以证明自己的"价值"，并因此弄得家人和周围的人快乐不起来。

人，从娘肚子里一跟头砸向人间，历经襁褓、摇篮、童车，最后到病榻、棺材、坟墓，这些基本构成了一个完整的人生过程。人生退休前的大半场，经常让人感觉暖融融；而进入余生的后半场，却往往让人感觉凉飕飕。出生时，自己几声啼哭；死亡时，亲友们几声叹息、几声抽泣。

人这一辈子，经历春秋轮回，荣枯更替，花开花落，月圆月缺，云收云散，日子不舍昼夜。人生从服役到退役，从参加工作到退休，并没有多少过渡，倏然就余生了，而且不知道哪一天，生命就会戛然而止。正因为如此，对生命意义的怀疑，几乎困扰很多人的一生。"人生无意义""人间不值得"，成了一些人的口头禅。

确实，命运太多无奈，脆弱的生命在历史的洪流中显得弱不禁风。即使在和平年代，忙碌琐碎的生活也让人生变得似乎不那么有意义。难怪有人说，人不过是放大版的蚂蚁。既然如此，构成人类社会的大蚂蚁、小蚂蚁、公蚂蚁、母蚂蚁、好蚂蚁、坏蚂蚁、美蚂蚁、丑蚂蚁，难道会有什么本质的差别吗？据此，有人说："棺材一盖，人世白来。"

对于以上这些说法，人们或许有同感，又或许并不赞成。但无论赞同与否，都得承认一点，那就是人是不同于其他动物的高级动物，人类生存的意义远非其他动物可比。

一个完整的人生过程，短则六七十年，长则八九十年甚至更长一些。在滚滚向前的时代洪流中，每个人都是历史的参与者、见证者。他的存在，对于他自己、他的亲友，对于他生活的那个时代，都有着各不相同的意义。即使进入了余生，每个人仍然可以活出各自的意义，活出各自的价值，活出各自的风采。何况还有这样一说，"六十花甲转少年"，60 岁之后还是人生的"第二春"呢！

　　一个人进入余生之后，眼看着衰老日渐加深，眼看着死亡日渐迫近、日渐真切，应该严肃认真地思考一个问题：面对衰老和死亡，如何过好属于自己的余生？如何把余生过得通透、充实、完满？对此，任何人都不应当草率，也不应当拒绝接受古今圣贤的智慧忠告。

1.2　余生的定义和表达

"余生"，一般有两种解释：一是指某个时间节点之后所剩余的人生。像劫后余生、虎口余生，说的就是这个意义。再一种是指残生，指人生的晚年。本文所说的"余生"，就是指人生的晚年。

相对于童年早夭、中年早逝的人而言，任何一个完成人生全过程的人，都或长或短、或多或少拥有自己的余生。对这个意义上的余生，人们从不同的角度，有着五花八门的表达。

"余生"的生物学表达：

像老年、晚年等。联合国世界卫生组织规定的年龄分段是：44 岁以下的为青年人，45 岁至 59 岁的为中年人，60 岁至 74 岁的为年轻老年人，75 岁至 89 岁的为老年人，90 岁以上的为长寿老人。当前中国的劳动制度规定 60 岁退休（男女或有不同），就是建立在这一生物学认识之上的。

"余生"的文学表达：

像黄昏、夕阳、暮年等，像"夕阳无限好，只是近黄昏""烈士暮年，壮心不已"，英雄迟暮等，讲的就是老年人的状态、情怀和心境。与此相关的词还有很多，像余寿、余热、余晖、余烬、残年暮景，还有古稀、杖朝、耄耋、鲐背、期颐等。

"余生"的数学表达：

一般说来，"余"是一个宽泛的数学概念，像余数、结余、盈余、剩余等。把它用来表达人生的晚年，就是一种关于余生的数学表达。余生的数学表达，可以是"差"，也可以是"商"，还可以是几何学上的"线段"。假使一个人的预期寿命是 80 岁，他已经活到 60 岁或 70 岁，那么，他的余生就是 $80-60=20$ 或 $80-70=10$，这就是差的概念。或者是 $80\div60=1\cdots20$ 或 $80\div70=1\cdots10$，这就是商的概念。还有，其余生就是一条以"岁"为单位的线段，而不是一条可以向一端无限延长的射线。

"余生"的物候学表达：

在物候学上，人们把一年分为春夏秋冬四季。而把人生的全过程与一年四季联系起来，就构成了人生的物候学表达。人们通常听到"青春"和"金秋"的说法，但少有关于人生"夏"和"冬"的表达。其实，如果说青年是生机勃勃的"青春"，年轻老年是硕果累累的"金秋"，那么，中年当然是激情燃烧的盛夏，老年就是天寒地冻的严冬了。只不过人们不习惯于这样表达罢了。而且，一个人再小，也终究会老；人老了，又会有孩童阶段的某些特性，这就叫"老人如婴"。从这个意义上讲，人生的"老"和"小"是接榫的圆环，就像冬过去了是春，春夏秋之后又是冬一样。

"余生"的中医学表达：

按照中医理论，人得天命，尽其天年，一般应该有120岁的寿命。但因后天的人为伤害和不节制，很少有人能活到120岁，总会打一些折扣。打9折是108岁，打8折是96岁，打7折是84岁，打6折就是72岁。满一甲了等于打了5折，勉强算寿。一个人没活到60岁，不能算寿。

除了以上几种以外，人们关于余生的表达还有不少。透过以上种种表达，我们不仅看到人们关于余生的认识之丰富，也可以看到人们对自己余生的重视。

不论从什么角度来定义余生，有一点是相通的。那就是，余生不是人生的主体，而是人生的末端；余生不是人生的"大头"，而是人生的"小头"；余生不是人生的主干，而是人生的尾巴。对此，任何进入余生阶段的人，都难免有些无奈和失落。好在随着人类的进步，医学的发展，人类的平均寿命正在逐步延长，"人活七十古来稀"早已成为历史。现在"70岁不算老，80岁满街跑，100岁还敢下河洗澡"。第七次全国人口普查数据显示，截至2020年11月1日零时，中国60岁以上的老年人2.64亿人，占总人口的18.7%；65岁以上的老人1.91亿人，占总人口的13.5%。预计到2035年，中国老年人口占总人口的比例将超过四分之一，2050年将超过三分之一。

1.3　余生的方向和轨迹

　　如果把人生的轨迹描绘在一个直角坐标系上，就不难发现，人生的路是一场由生到死的跋涉，从人生的始发站，到人生的终点站，其轨迹大体上是一条抛物线。人生的起点，就是坐标系的原点；人生不同的年龄，就是它在横轴上对应的点；人生在不同时期所达到的高度，就是他的业绩在纵轴上所对应的点；人生的终点，就是它在横轴上的落点。

　　当然，这种描绘只是粗略的。人有意气风发的巅峰，也有苦闷的低谷。有的人在事业上大起大落，几起几落；有的人开局很好，一切都顺风顺水，但结局却不尽如人意；有的人开局并不顺利，结局却很好；有的人天生早慧，年纪轻轻就事业有成；有的人命运多舛，大半生都磕磕绊绊，却大器晚成。这些经历使他们的人生抛物线呈现得并不规则，但总体上还是沿着这条抛物线上下浮动的。尽管有人晚年"大丰收"，产生"翘尾效应"，但他的最终结局，还是会落到坐标的横轴上。在人生的这条抛物线上，余生轨迹的方向是一路向下、天天向下的，而且不可逆，一旦触底就不再反弹了。

在余生阶段，每个人所面临的共同现实是身体机能的衰退。这种衰退是生理上和心理上持续的、渐进的衰退。可以说，它是一种与人的青春期发育相反的"负发育"。

在这个"负发育"的过程中，过去已经过去，未来已经到来；成长已经过去，萎缩已经到来；健康已经过去，疾病已经到来；青春已经过去，衰老已经到来；向往已经过去，回望已经到来。

这种"负发育"，到底是从什么时候开始的，人们往往很难察觉，就像"随风潜入夜，润物细无声"的感觉。也像夏天到秋天，人们只觉得天气一天天变凉，谁也说不准是从哪天开始的。

人体是由细胞组成的，人体衰老的过程实际上是细胞老化的过程。对于人体器官的老化，人们无法准确地感知。且不说五脏六腑，就连头发、皮肤、腿脚等这些可以直接看到的"部件"，也难以捕捉它们衰老的迹象。

头发衰老

头发脱落，就是生命之树开始落叶。年轻时黑发犹如青草，年老时白发犹如枯草，发际线在不知不觉中后移。一群老年人在一起，你秃了顶，我染了发，有的人头发密硬白，有的人头发稀软脱。其实，白发并不是黑发变的，而是从走向衰老的生命深处滋生出来的。

眼睛衰老

眼神木然空洞，心灵的窗户不再明亮了。视力减退，老眼昏花，不戴眼镜什么也看不清。还有，黄斑变性、青光眼、白内障等问题可能随时袭来。

耳朵衰老

别人说话听不见，听见了也听不清，只得靠蒙，往往出现"聋子会变话"的窘境。自己对人家说话，生怕别人听不见，不自觉地吼叫。

牙齿衰老

年轻时，"生吃牛肉不用切"。年老了，不仅很多食物嚼不动，还吃什么都塞牙。这时方知"牙好，胃口就好，身体倍儿棒，吃嘛嘛香"这则牙膏广告语的妙处。

味觉衰老

吃东西需要靠重口味来唤醒味蕾，还时常伴有咀嚼困难、吞咽困难、消化无力等症状。

皮肤衰老

饱经风霜的脸庞上爬满了深深的皱纹，每一条皱纹都写着人生的经验。额头上的皱纹擦不掉，脸上的老人斑洗不掉，身上的老人味也掩饰不住，甚至连脸上的酒窝都老了。即使那些靠脸蛋吃饭的明星，不论他怎么粉饰，也掩盖不住皮肤的松弛感和脸上的皱纹。

腿脚衰老

一把老骨头不好使了，走路的速度一天天慢下来，步幅一天天变小，人们一天天确信"人老腿先老"的道理。

还有语言不利、运动不灵等身体问题慢慢显现……

与这些衰老相关的是人体的各大系统——消化、运动、呼吸、泌尿、生殖等系统也全面退化。人生的很多东西，体能、希望、理想、信念，一样一样地从你身上逐渐抽离，有时连找个替代的东西都不容易，种种狼狈频频发生：便秘、尿急、尿频、尿不尽；人老力气衰，拉尿打湿鞋，打屁屎出来；伤心会流泪，不伤心也会流泪，眼屎多于眼泪；饿了吃不下，累了又睡不着；坐下去站不起来，站起来又忘了要去哪里；记得的不存在，存在的很多都不记得；刚想说话，却忘了想说的事情；出门总是怀疑门没锁、煤气没关，等等。

总之，衰老是一个身体逐渐萎缩的过程，是一种人体功能逐渐丧失、人体器官逐渐衰老的过程。说到底，就是一个走向死亡的过程。体能、智能，情商、智商，婚姻、家庭，存在感、安全感，全都一点点被啃噬，最终就像一台机器磨损到不能再使用而报废，或者像机器因故障无法修复而报废一样。

在视力、听力逐步丧失，味觉、嗅觉、触觉逐渐迟钝的同时，老年人的认知能力、思考能力、分析能力、判断能力都会进行性衰退。思维迟钝，无法长时间集中精神，思考的深度和速度都很难达到期待的效果。

这种衰老，让人对环境的生理和心理适应能力也进行性降低，并逐渐趋向于死亡。许多疾病，实质上就是生命个体生长发育到一定阶段的生理学、心理学过程，是生理和心理过程综合作用的结果。

这种衰老，有渐变，也有突变。渐变的过程，就是梦想逐渐死了，激情逐渐死了，灵魂逐渐死了，已经不想也很难再接受新的事物了。突变就是突然一天就觉得自己老了，似乎在某个瞬间，自己开始像一个真正的老人，迟钝、麻木，又渐渐配齐了老人的神态、脾气和语言。

对老年人而言，衰老与死亡互为因果。衰老是死亡的进行式，死亡是衰老的完成式。死亡的过程，就是一个在衰老中逐步丧失生命力的过程。开始丧失认知的能力、思考的能力、分析的能力、写作的能力，包括为别人提供咨询和服务的能力。说得直白一点，就是自己的生命力一天天减弱。人的衰老与死亡，有如生活向每个人发出的一张没有定期的请柬。

人的衰老与死亡，有别于一棵树。一棵大树，树根千疮百孔，树干满目疮痍，而在它沧桑的躯体上，新的根茎正孕育而生，新的枝权还在蓬勃伸展。它历经沧桑却还可能铁骨铮铮，透露出生命本色，焕发新生。而人生则不全是这样。对于人生而言，生是死的起点，死是生的终点。两点之间有舒缓，有激越；有平顺，也有曲折。但一旦死了，便不会再有任何的生机。

总之，对于进入余生的老年人而言，面前摆着两座大山：衰老和死亡。前头一路向下，一场秋雨一场寒，一层落叶一层霜。衰老会一天天加深，死亡会一天天临近。面对这两座大山，人们只能平静地接受，像对待发育一样对待衰老，像对待出生一样对待死亡。只能感叹宇宙之大，生命之微；珍惜生命之短，余生之贵。既要赞美过去的日子，又要迎向过一天就少一天的未来。平和地过好余下的生命，友好地与衰老相伴。在余生的栈道上，自觉地做一个自尊的老人、明智的老人、豁达的老人、智慧的老人。

1.4　余生还余下些什么

一个人，在进入余生之前的几十年中，学习过，奋斗过；劳作过，享受过；成功过，失败过；爱过，恨过；潇洒过，苦闷过。这些过往的事情和情感，经过时间的沉淀和岁月的打磨，成为一种重要的资源，一笔宝贵的财富。这些东西，在每个人的大脑空间里，形成了一间有形或无形的仓库。每个人的仓库都有所不同：空间有大有小，设施有好有坏；有的井井有条，有的杂乱无章；有的丰富充盈，有的稀稀疏疏；有的收藏是精品，有的收藏则比较粗陋。

在走近余生的当口，我们不妨走进这间仓库，拂去蒙上的灰尘，梳理凌乱和纷杂，既盘点过往几十年的成败得失，又检视余生还拥有些什么。

经过一番清理，我们不难发现，这间仓库里储存的东西，有精神形态的，也有物质形态的；有正面的，也有负面的；有令人满意的，也有令人汗颜的。我们也会因此而发现每个人的余生，都有各不相同的价值。这些价值，与人们不同的经历、学识、教养有关，与人们不同的职业、不同的社会阶层有关，还与一个人的人生信仰、人生追求有关。

不同的人生，会有不同的财富、地位、声誉和影响。不同阶层的人，不仅成就过去不同的人生，也会影响不同的余生。有的人余生起点高，有的人余生起点则比较低；有的人余生平淡无奇，有的人余生则出类拔萃；有的人余生暗淡无光，有的人余生则灿烂如虹。

就其自然形态来讲，余下的东西表现为一个人的思想、信念、余寿、余力，余力又包括体力和智力。就其精神形态来讲，它主要是一个人的精神信仰、价值追求，包括他的祖训、家风，还包括他的余情、社会影响力等。就其物质形态来讲，有动产、不动产等财产和家当。撇开其不同的形态，就其价值而言，每个人余下的东西，都有其独特的政治、经济、文化及伦理价值。

一个人工作和生活几十年，退休后其社会影响力可能仍然存在，仍有社会活动需要参与，人际关系需要维护。一个人的经济价值，主要表现为他残存的创造能力、赢利能力，及其体能、技能、经验。有的人尽管是一个普通劳动者，但他的毫末技艺，却也可以是"顶上功夫"。一个人的文化价值，当然表现在他的思想、主张和见解的影响力，以及他的科研、创作能力和他所创造拥有的著作权、专利权，等等。一个人余生的伦理价值，主要表现在他在家庭中的责任担当、作用体现，他作为一个家庭的长辈，能给他的后代带来的种种帮助、教育后代的智慧和能力等。

　　以上这些价值，有正面的，也有负面的。显而易见，一个人余生所具有的正面价值，是他此前几十年在创造这些成果中所投入的智慧和汗水的结晶。这既是他余生可以开发利用的资源，也是他给他的后代和社会所留下的财富。而他留下的负面价值，比方说他留下的罪责、骂名、仇恨、债务，包括他身上潜藏的种种疾病，也是他的余生必须面对的。如果他的余生消化不了，偿还不了，便会加重他后代的负担。一个人的正面价值，可以是余香满口、余音绕梁、余光分人、余勇可贾、余味无穷、余霞成绮、余业遗烈。而他的负面价值，则像余腥残秽、余食赘行，会令人厌恶、令人鄙夷，被人弃如敝履。

一个人进入余生之后所余下的这些东西，主要是他先天的遗传和禀赋、后天的经历和环境造就的。这些于他本人、于他的家庭、于社会，其作用是大相径庭的。

大思想家留下的是一种信仰、一种思想体系，让人们永远追随；大政治家留下的是一面旗帜，让人们在他的旗帜下集聚；大实业家留下的是一座金矿，让人们继续挖掘。优质的父母，是家庭的一棵大树，为儿女提供余荫；或者像一把大伞，为后代遮风挡雨。

科学家、文学家、艺术家、人文学者，他们除了自己此前的科研、创作成果之外，还会有相关的科研、创作计划。这些计划，有的正在进行当中，有的正在酝酿当中。而一个普通劳动者，他余生的目标相对有限，度过余生的方式也相对单一。他所余下的体力、经验和技能，很多时候只能用来从事辅助性的劳动，比方说做一些家务，以维持简单的生存和生活。

万千人中，因为有着各不相同的境遇和状态，余生的事务也各不相同。有的人余生是萝卜，越老越苦；而有的人余生则是人参，越老越补。多少科学家、文学家、艺术家、人文学者，一辈子都在燃烧，甚至最美好的时光就在晚年。那些大器晚成的人，他们的生命正是等到深秋才开始绽放的。一个人退休之后，有的解甲归田、告老还乡，去做乡绅乡贤；有的则解甲不归田，告老不还乡，仍在一定的行业和领域里发挥作用。

有人这样评说托尔斯泰：倘若他 40 岁前去世，就不会有《战争与和平》；倘若他 50 岁前去世，就不会有《安娜·卡列尼娜》；倘若他 70 岁前去世，就不会有《复活》。从托尔斯泰的人生中，我们不难得出这样的结论：人的余生很珍贵，切不可浪费；人的余生可发挥的空间还很大，要切实加以珍视。

因此，在余生的入口处，我们每个人都要认真地"清仓查库"，对自己过往人生的种种库存，进行分门别类，登记造册，做到心中有数，并由此出发，为余生承前启后，继往开来。

人活一辈子不容易，不仅要与贫困、愚昧、疾病做斗争，还要经历人间的成败、得失、荣辱和悲欢离合。进入余生之后，要用积极的心态对待过往的一切，只有把余生放在平处，生活质量才会在高处。

过好余生还要懂得感恩。感恩是一种歌唱生活的方式，它来自对生活的爱与希望。应该感恩一切美好，感

恩美好的一切。感恩父母的养育，感恩社会的造就，感恩师长的教导，感恩一切人的帮衬。有了感恩的心灵，就有了感恩的眼睛；有了感恩的眼睛，就有了感恩的世界；有了感恩的世界，就有了感恩的余生。我们有了这种种感恩，并把感恩落到实处，才能以此来回报社会，我们的余生便更懂得珍惜，更懂得满足，更懂得奉献，更懂得快乐，更懂得幸福。

1.5　余生的审视和定位

一个人进入余生之后，应该严肃地思考这样的问题：你是什么样的人？你想过什么样的余生？并由此出发，梳理散乱的情绪，明确余生的定位，纠正走偏的脚步，校正前行的方向，找到属于自己的生活方式。

如果一个人只管活一天算一天，没有任何追求和目标，他的生命实际上就停止了。如果没有方向，没有目标，没有定位，没有节奏，余生就会散架，就会成为毫无系统的一堆零件，就会使自己茫然无措：休息日、节假日越来越长，自由支配的时间却没有相应地增加；居住的房子越来越大，心眼却越来越小；娱乐生活越来越丰富，内心却越来越浮躁压抑；银行卡里的数字越来越大，自己能消受的却越来越有限；可以到达的地方越来越远，而自己的视野却越来越狭窄、目光越来越短浅。

　　理性地审视余生的价值，合理地规划余生的目标，主要取决于三个因素：一是感性的纯度，二是理性的品质，三是智慧的层次。或者叫感性的温度，理性的水准，智慧的高度。只有把感性、理性和智慧结合起来，把余生摊开来，将因果、祸福合在一起通观，才可以清楚地看到自己余生的景象。

　　第一，要服老，懂得进退，知道止息。

　　历史讲永恒，时间讲永恒；哲学讲无限，范围讲无限。在永恒和无限面前，任何人都是无足轻重的，眼前的一切，不过是浮云。余生既脆弱又珍贵，这就是我们规划余生的出发点。要知道，此生没有第二次生命可以献给自己挚爱的事业。老人可以不服输，但不可以不服老。一个人的老年阶段与人生的其他阶段是不一样的。比方说，如果一个人小时候为父母活，中间为子女活，那么，老了才是为自己活。如果说一个人青壮年阶段的作为，是有所发现、有所发明、有所创造、有所前进，而余生的老有所为，主要是有所完善、有所发展、有所提高。大干快上、勇攀高峰是青年人、中年人的使命，而老年人只能稳扎稳打、步步为营。以学习而论，青壮年的学习是充电，是积累，是钻研，是寻求启发和创

见；而老年人的学习，并不求实质性的回报，只求开阔
视野、充实生活，或者只求消遣、鉴赏和娱乐。以科研
而论，攻城拔寨、开拓进取、攻克难关，是年轻人的事
业；而老年人科研的重点则应该是完善学科体系，传播
科学知识。而且，当人老迈到一定程度，连学习也可以
停下来。因为知识不像别的财富，它是不可以直接继承
的。尤其是那些靠口传心授的东西，传授者一旦去世，
就失传了。

第二，做完整的、真实的自己。

过一个美好的余生并不难，只要是过自己选择的就
成。因为，人生如果可以选择，不舒服的事可以变得舒
服；如果不可以选择，强制带来本能的抵抗，会使舒服
的事变得不舒服。一个人退休前，为生活所迫，为职责
所拘，不能完全以自己喜欢的方式来安排自己的人生：
可能要从事自己并不喜欢的工作，可能要与自己并不喜
欢的人打交道；既要讨老人的欢心，做儿女的榜样，也
要时刻关注老婆（老公）的情绪，还要尽量满足客户需
求、不停迎合上司意图；为了生计、脸面、房子、车
子、金钱日复一日地周旋。退休了，自己的人生就可以
自己做主，就可以为自己活，活出真实的自我，活出完

整的自我，活出自己想要的人生；就可以做一个不带包装、不戴面具的老人，用自己的本来面目示人。我们尽管无法选择岁月，却有权选择自己的生活。

进入余生之后，想不再受人摆布，为别人而活，就应该把余生赐给自己，为自己活一回。要在多元的价值观中，找到自己的坐标，找到属于自己的新方向；要选择自己所热爱的，热爱自己所选择的，也不必受外界蛊惑，不管别人怎么说、怎么做，我有我的主见。人本是人，不必刻意做人；世本是世，不必刻意处世。要用自己的光延续自己，照亮别人，在坦然和恬静中，做自己想做的事，走自己想走的路，过适合自己的生活，从中获得自己想要的幸福。

一个人永远不知道自己在别人嘴里有多少个版本。不管别人怎么说，都不要受世俗偏见的束缚，不能让流言蜚语的泥沼掩埋自己的生活。要听从自己的内心，迈向自己的向往之地。即便在追求自我的过程中张扬个性，来一番惊世骇俗也在所不辞。这样，才能活得自在，活得独立，活得自由，才可以说不负自己的余生。

第三，对余生不持过高的期待。

逢对的人，做值得的事，过快意的人生，这当然是最美的光阴。但上天不可能会让每个人都满意，我们每个人也不必追求满盈。进入余生之后，对人生不能做理想化的设计。一个人进入了生命的尾程，该做的事情可能不少，想做的事情可能更多。如果该做、想做的事情都去做，就会让人感觉是老虎吃天、狗咬刺猬，不知道如何下口。何况到了余生，有风有雨是常态，风雨无阻是心态，风雨兼程是状态。不同的人在这样的背景下，即便拥有同样的日子，未必有同样的心情。

日子赐给多情者以多情的回味，却给寡情者以寡情的失意；日子赐给知足者以知足的常乐，却给贪婪者以贪婪的失落。余生可以让"烈士暮年，壮心不已"，也可以让贪心者心灰意冷。这就要特别依靠理性的作用。因为理性有着强烈的、近乎绝对的排除法则，将许多事情清楚地排除出去。理性及其衍生出来的观念，能帮助我们排除那些再也不需要考虑的事，使生活变得愈来愈简单。理性会告诉人们，每个人都只能根据自己的认知作出选择。如果想面面俱到，结果往往是面面不到。不合适的，要尽早放弃。哪些事对你来说是不合理的，连想都不要去想。很多事情在没有发生之前，我们就可以排除它发生的可能性。

一个普通劳动者，种了一辈子田，做了一辈子工，余生却想踏着陈景润的足迹，去研究哥德巴赫猜想，或者想沿着莫言的创作之路，去冲击诺贝尔文学奖，这断乎是不可能的。一个年轻人没出息，还可以指望有朝一日悔过自新，大器晚成，但上了年纪还没出息，还想去干一番大事业，就大可不必指望了。

对余生不持过高的期待，还要懂得自我掂量，既不要把自己太当回事，也不要把自己太不当回事。一方面，要看到自己的渺小，世界上多一个你少一个你，不会有什么增减。在人类社会这个茫然无际的坐标上，你不过是一粒微尘，远没有自己想的那么重要。同时也要看到，人类只有一个地球，地球上也只有一个你，你曾在这个地球上生活过、奋斗过，地球上的你，是独一无二的。

一方面，要知道自己的起点、边界，不盲目追求虚妄。大家都退休了，谁也不比谁高出一头，谁也不比谁低下一等。进入余生之后，不管此前的人生多么豪迈，都只能换种方式续写未来。你或许有自己的一技之长，或者能干，或者能说，或者能写能编，或者能唱能跳。但你也要知道，世界上能干能说、能写能编、能唱能跳的人多了去了。你年轻时都没能翻几个大浪，现在年纪一大把了，更没有大展鸿图的能耐了。志存高远是年轻人的事，老年人的志向高不起来，也远不到哪儿去。对老年人而言，别说卧薪尝胆很难有什么结果，连声东击西、调虎离山可能都来不及了。何况，没有谁规定人生一定要成个什么器，做个什么家。对多数人而言，只要活得悠闲自在，于社会有益，于自己有趣，就是一种不错的人生。

第四，不拧巴，不较劲。

在飞速发展的时代，老年人小跑追赶也会明显吃力，乘风破浪更是心有余而力不足。对年轻人而言，是5G时代；对老年人而言，可能就是"无G时代"。一个人到了晚年，满目都是人世沧桑，满耳都是事业的终止。世界怎么变，我们就跟着走，不能拧着来。实在跟不上，也别勉强。给自己设定一个余生的目标，就可以一直保持积极、热情、向上的状态，掌握有意义的余生。莫言说"人生四然"：来是偶然，去是必然，尽其当然，顺其自然。这是很对的。不要自寻烦恼，自生闲气，要争取自由，保持活力，享受人生。应对生活保持微笑，做一个饱经风霜、恬淡豁达的优雅老者。

文学评论家王瑶，74岁还申请国家社科基金项目。他的学生钱理群劝他多休息。他回答说："我现在老了，无论做什么事，都是垂死挣扎，什么都不做呢，又是坐以待毙。与其坐以待毙，不如垂死挣扎。"这也是一种顺乎本心。如果把一个人的生命过程看成是流水，它前半生的方向是：地表径流→小塘坝、小水库→小溪流→小河→大江大河→海洋。而退休之后，就要随着大气循环，从洋流、主流、支流，一直回溯到小塘小坝。这是不可违抗的。如果把人生看成是高速路上的乘客，那么，你就得随着车辆在高速路上行进，在到达目的地之后，找一座城市，或一座村庄定居下来，安享晚年。如果你能对余生进行这样的审视和定位，就能以良好的状态运用好生命的最后冲击力。与其苟延残喘，不如尽情燃烧。即使是一根火柴，也要让它拥有短暂的闪耀。

第五，努力"让死亡活下去"。

有人说"棺材一抬，一生白来"；又有人说："腿一伸，家就分；眼一闭，钱就废。"这些说法，都有一定的道理。确实，人固有一死，但死的价值各不相同。或重于泰山，或轻于鸿毛。《左传》说："太上有立德，其次有立功，其次有立言，虽久不废，此之谓不朽。"

这里的"三不朽"之说，算得上人类的普遍真理。君不见，有的人尸骨未寒，就叫人给遗忘了；有的人死了，给人感觉却还活着，他的思想、理论、发明、创造叫人们恒久地铭记，他的英名让人们恒久地崇拜。他们以其卓越的智慧和贡献，找到了一种超越死亡的存在。那些有所发明、有所发现、有所创造、有所前进的伟大人物，那些以他们的名字命名的定理、定律，以及那些以他们的名字命名的行星，还有那些以他们的名字命名的城市、街道、学校、公园，等等，都让他们的名字带有某种久远的性质，让他们嵌进历史，不被遗忘。还有一些富有牺牲精神的普通人，通过捐赠遗体用作科研，或通过捐赠器官来救治他人的生命，也使得自己的生命超越了死亡的存在。这也是值得崇敬的。一个人能在世界上留下一点痕迹，他这辈子就没有白活。

对于任何人而言，能用什么东西证明自己曾来过这个世界上？金钱不能。因为，再多的金钱，你也不过是它暂时的保管者，金钱会不断地转移它的所有权，没有人能在死后带走他一生苦苦经营得来的财富。权力也不能。一个人哪怕贵为君王，如果平庸得一塌糊涂，毫无建树，历史也不会有他的一席之地，他在历史上留下的可能只是笑柄；如果他劣迹斑斑，所留下的则是千古骂名。

一个人死后可以留下的，主要是立德、立功与立言。而一个人到了晚年，立德、立功的空间很是有限，唯有立言还有少许空间，还可以有所作为。思想家是推动社会发展的重要贡献者，一个民族、一个时代之所以伟大，是因为有伟大的思想。一个人拥有自己的思想，才能真正活着。人进入余生之后，人之将死，其言也真。他完全可以保持独立人格，坚持独立思考、独立表达，直抵本心，放言高论，用不着应景，用不着迎合任何人，不必以此来吸引眼球，更不必以此来换取"口粮"。可以迎着冷眼和嘲笑，带着赤子的骄傲，不求任何人满意，只求对得起自己，只求对历史负责，对后代负责，对真理负责。

一个有文化、有知识、爱思考的人，一旦失去了自己的精神生活，那种痛苦是无法言语的。因此，他应该根据自己大半生的经验，继续探索人与自然的关系，反思你我他与社会的关系，追寻真善美与生活的关系，并把对社会、对人生、对世界的理解表达出来。说真话，说实话，把最想说的话说出来，说明白。只要能引导

人、启发人、警示人，就应该畅所欲言。除此之外，还
有一种可以留下来的东西，那就是后代。只要人类不毁
灭，就可以子子孙孙，无穷匮也，人类的基因可以得到
长久的延续。因此，一个人到了晚年，应通过种种切实
有效的途径，把自己几十年积累的"内功"，把自己毕
生积累的正能量，传输给后代。这也是一种超越死亡的
存在。

1.6 别让余生"烂尾"

"烂尾"一词，是由烂尾楼引申而来的。它通常指某件事、某个项目中途夭折，不了了之，草草收尾，无果而终。一个项目的烂尾，后果是很严重的。它所反映的是决策失误、投资失败。轻则造成一定的损失，重则造成企业倒闭、工人失业，并引发巨大的社会资源浪费。

就人生来讲，出现"烂尾"的情况是比较普遍的。轻度的、中度的"烂尾"，可以说比比皆是。一些人选错了余生的方向，结果与自己的目标南辕北辙，努力越多，离自己的目标越远。一些人濒临死亡，或者已经亡故，一辈子辛苦耕耘的果实还躺在庄稼地里来不及收割，或者草草地收割了，该脱粒的没有脱粒，该晾晒的没有晾晒，该入库的没有入库，该上市的没有上市，最后烂在地里，霉变在入库之前，或者腐烂在仓库里。当人们眼睁睁地看到自己的劳动果实被处置在田边地头，或者霉烂变质，鼠咬虫蛀，除了痛心还是痛心。

有这样的科学家，毕生潜心科研，但他的科研还处于孕育期，其成果还没有成熟，或者已经成熟还来不及发表，他便撒手人寰。有这样的政治家，年轻时胸怀大志，发奋图强；走上仕途之后励精图治，文韬武略，如日中天；而在他退休时或退休后，或因被人构陷，或因晚节不保，一生功业，一朝清零，甚至身陷囹圄，不得善终。有这样的文学家，他皓首穷经，批阅数载，增删数次，但他的作品还是半拉子，根本没有面世，他就命赴黄泉。有这样的劳动者，终身辛劳，勤扒苦做，也积累了一点家当，其中有些家当还是有些价值的。但因管理不善，或分割不清，一旦亡故，他积累的这些东西，或被糟践，或被陪葬，或者被他的家人付之一炬。

以上种种，都是一种不同程度的人生"烂尾"。这种种"烂尾"，无不让人感到深深的遗憾、莫名的悲伤。尽管余生应更多地追求生命过程的愉悦，而不是结果的丰硕，但对一个进入余生的人而言，防止余生"烂尾"，特别是中度、重度"烂尾"，实在是一个重大而紧迫的课题。我们应该严肃地认识它、对待它，并有效地加以防范。要实现人生不"烂尾"，最基本也是最起码的，应当要做到以下三条：

一是人尽其才。

每个人先天的遗传，后天的学习和历练，都积蓄了一定的能量，也负有各自的使命。这种能量应该得到充分释放和发挥，这种使命应得到切实履行和彰显。人生不一定要站在世界最高峰才算精彩，但通过自己的不懈努力，把生命中的每件事做好，努力把爱好变成特长，把兴趣玩出名堂，让自己不留遗憾地站在自己人生的最高峰，他就是战胜命运的强者，也可以说是一种人生的成功。一个人在离开人世前，最好能用完人生的全部能量，拥有属于自己的人生价值。

二是物尽其用。

一个人在人世间学习、工作、生活了几十年，他阅读过的书籍，收藏过的东西，发表过的作品，使用过的物品肯定不少。进入余生之后，很多东西或许还具有一定的残值。这些具有残值的物品，应该受到尊重，并通过种种途径让它们找到合理的归宿，并充分发挥它的作用。如果把它们拿来陪葬、填埋或焚烧，就是一种不必要的浪费。

三是寿尽天年。

要让自己的生命健康地活到自然的寿数。既不人为地中断，也不刻意地延长。在自己生命的大限来到之前，让余生处于一种燃烧的状态，追求生命的极致绽放。只要生命的烛火还在燃烧，就一路前行。把生命的那束光，哪怕是微弱的光，都充分地放射出来。

显然，能真正做到以上三条并不容易，但我们应该朝这个目标努力，努力减少因为人生"烂尾"带来的种种遗憾，让自己拥有充实而饱满的人生。

第一，设定余生的目标要留有余地。

世界不会满足人，这是社会的铁则。人到了晚年，能力、精力、寿命都是有限的。要做的一些事，很可能像苍蝇碰到玻璃，前途是光明的，道路是没有的。因此，规划余生不能做理想化的设计，要留有充分的余地。比方说，一位文学家到了晚年，创作长篇小说可能有困难，但可以退而求其次。既然写不了长篇就写中篇，写不了中篇就写短篇，写不了短篇就写散文、随笔。一位科学家到了晚年，搞基础研究可能有些困难，但可以选择去搞应用研究；如果搞应用研究也勉为其难，就去搞教学、搞科普。一个实业家到了晚年，做不了决策、管理，就可以去做咨询；如果咨询也做不了，就去做服务。一位普通劳动者到了晚年，做不了复杂劳动，就去做简单劳动；做不了室外劳动，就去做室内劳动。

总之，要从自身的条件出发，力不从心就要从力。要用有限的时间和精力，去思考和处理真正重要的事情。要给自己设定一个在余生可以实现的目标，集中精力保重点，握紧拳头办大事。要警惕"糠多嚼不烂"的现象。与其左右开弓、多点发力，不如重点突击、各个击破。切忌盲目消费自己的时间和生命，尽量不做无效的努力，不花不相干的力气。

第二，要注重统筹。

每个人的价值，都是由一个个决定积累而成的。每一个决定，既可能会成就自己，也可能会葬送自己。因此，余生要特别注重统筹。不同的人，有不同的过去、现在和未来，不同的追求、责任和事业；也有不同的时间线，不同的发展领域和空间。在统筹余生时，对此前的各项事务，该了结的要了结，该了断的要了断。对余生准备做的事，先列出清单，再根据需要与可能，进行优化，做出取舍。还要考虑到余生的变数无法预测，更无法掌控，对优选出来的项目排出顺序，次第展开。无论推进到哪里，都要有"走到哪里黑，就到哪里歇"的从容。对于已经开工，但还没有竣工的项目，要抓紧煞尾，把"句号"画圆。对于原本已经立项，但还没有动工的项目，要重新审视。对应该干什么，能够干什么，都要进行可行性论证，把"问号"拉直。有把握拿下来的项目要迅速上马，抓紧施工，而且"工程要抓紧，时间要提前"；对于把握不大，可能造成烂尾的项目，要果断地撤下来。这样，就可以及时中止可能烂尾的项目，防止徒劳无益地消耗自己，力求自己辛勤耕耘的成果"颗粒归仓"。

在统筹余生的过程中，还应该对余生实行分段安排。如果余生以 60 岁为起点，以 80 岁为终点，那么，整个余生就有 20 年的时间。对这 20 年时间，应实行差异化管理。如果把这 20 年分成三段：60 岁到 70 岁为一段，71 岁到 75 岁为一段，76 岁到 80 岁为一段。那么，60 岁到 70 岁这 10 年，是余生中最好的时期，作为"秋后的蚂蚱"，可以多"蹦跶"几下，可以保持适当的压力，可以稍微赶赶。71 岁到 75 岁这一段，应该实行弹性管理，把节奏降下来，自带节奏，自带安全感；精力允许就干，精力不允许就算了。76岁到80岁，已垂垂老矣，就不必再做硬性安排了，应该放缓行色匆匆的步履，该静静了，玩玩了，歇歇了，"举着骨头当火把"的奋不顾身，就大可不必了。

这样分段安排，可以是一种人生的"留白"。这种留白，既是一种淡然的生活方式，也是一种智慧。它可以使生活少一分烦恼，多一份快乐，使余生更精彩、更美丽，让自己的余生更加余味悠长。而且，生活的经验是急水难存。一味地加速，非但不能收到预期的效果，反而容易适得其反。从某种意义上讲，余生能不能有所为、有所乐，有时缺的正是一个"缓"字。

第三，要专注。

人到了晚年，要做成一件事更不容易。但做成一件事，要比想很多事更有价值。人的余生，能专注地做成一件事，是很有价值的；如果能用较多的时间和精力做成一件终身难忘的事，更是幸福的。

个人行进在余生的路上，要做成一件事，必须专注。有人说，如果没有渐冻症，霍金可能有无限种可能。但因为有了渐冻症，使得他的人生只能在有限的领域里进行选择，这才成就了霍金的事业。这是很有道理的。因此，对于余生要做的事，要懂得取舍，该放弃的就要放弃，面面俱到不如择一而行，宁可少些，但要好些；要警惕"搏二兔，不得一兔"的现象。

余生美妙的关键，在于你能迷上什么有价值的东西。要寻找新的价值，选择自己感兴趣的，能给自己带来满足感的事情来做。把别人也能做的事交给别人，专注于自己才能做的事，对于不属于自己年龄和领域的事，不管它多么吸引人，都要抗住诱惑。在这个世界上，众人喧腾的可能是虚假，万人耻笑的可能是真实；叠床架屋的可能是虚假，简单干练的可能是真实。认识了这一点，就可以保持定力。

"不吃全鱼"是一种智慧。如果一个人为了吃鱼，就把养鱼、贩鱼、烹饪的活全揽起来，以确保"肥水不流外人田"，这看起来似乎可取，实则是不明智的。试想，如果与鱼相关的钱都给你赚走了，别人都没有钱了，那你还赚谁的钱呢？有一位企业老总，晚年庆幸自己年轻时不会开车。他说，如果我年轻时就学会了开车，或许就成了一个经常送货的推销员。这就是说，要有所为就要有所不为，要专注于一个可以寄托自己心神的目标，坚定地迈向自己的向往之地。否则，说不定还可能走偏方向，甚至被不良习惯误导。要专注，还要不重复自己，不模仿他人。只有这样，才能让自己的余生不失落、不空虚、不闹心，有滋有味，有情有趣。

第四，实行"三此主义"，对余生实行"倒计时"管理。

对余生而言，日子是过"以后"，而不是过"以前"，而且来日并不方长，应该活出最好的自己。虚耗日子是可悲的，有意义的生活才是明亮的。如何有效地管理自己的余生呢？朱光潜先生曾对人生提出过"三此主义"，就是此身、此时和此地原则。他主张，此身应该而且能够做的事，就由此身担当起，不推诿给旁人；此时应该而且能够做的事，就得在此时做，不拖延到未来；此地在我的地位、我的环境里应当而且能够做的事，就在此地做，不推诿到想象中的另一地位去做。这个三此主义，很适合余生的目标管理，人们应该加以借鉴。

不仅如此，对余生的目标还应实行"倒计时"和清零管理。对余生的目标，要不断地清零，不说天天清零，至少要周周、月月清零。要不断地自问：如果自己下个月就走，我的余生当怎么过？如果自己明年就走，我的余生当怎么过？这样倒数着过日子还有个好处，就是让你感觉每一天都是赚的，每一年都是被馈赠的。而且，当一个人为余生注入一种事业之后，生与死便不再有那么明确的界限了。

　　这样，当你要离开这个世界时，当你的人生即将悄然落幕时，你就会少有遗憾地说，我的余生过得很好，我余生的目标已基本实现，最后安详地合上自己的眼帘。

第二章

余生自在活

2.1　勇于审视过往

有一本书，书名叫《历史只露半边脸》。不说其内容，光是书名就很能给人启发。书中的观点是，不管是古人、今人还是后人，一般只能被人看到半张脸。关于正面人物的记录，大都是正面的；关于反面人物的记载，大都是反面的。关于胜者的记录，大都是"王"的一面；关于败者的记录，大都是"寇"的一面。就连各色寻常人物的自我介绍或者自传，也大都是光明的一面，而阴暗的一面则自觉或不自觉地被"消化"了。

卢梭的《忏悔录》，算是公认的、最客观的自我剖析了，但依然有人指出他以不掩饰的方式掩饰了不少东西。而且，人们的记忆常常有一种"非道德遗忘症"，会选择性地遗忘一些自己做得不好的事，而对自己做过的好事、做得正确的事，则记得清楚。

任何人的脸都有两张。有好的一面，也有不好的一面。有光鲜的一面，也有不够光鲜甚至为人所不齿的一面。再正面、再伟大的人物，也有他的黑历史、烂疮疤，也有他不愿为外人道的种种糗事。比方说，他小时候的犯规，青年时期的越轨，成年时期的犯错甚至犯罪。从公德和私德上检讨，坑蒙拐骗偷、吃喝嫖赌抽者有之；损公肥私，假公济私，损人利己者有之；损公不肥私，损人不利己的有之；贪功诿过，矮化别人，抬高自己的有之。在感情生活中，感情走私、精神出轨的就更多了。在日常生活中，人们在生理本能和自私心理的驱使下，染指不当得利的念头、行为，是司空见惯的。

在人生的旅途中，在追求事业的道路上，人们入错行、嫁错郎、恋错爱、交错友、决错策、怪错人的事也不少见。好事被搞砸，事业失败，经营失算，仕途失意；或者在执行职务、履行职责中有意无意地制造不公，参与背叛；还有，对他人和社会说谎话、打诳语。如此等等，不一而足。

以上种种失德、失范、失误、失算、失智、失手，往往被人精心打包，并给它冠以一个神秘的名字——"隐私"，或者给它一个道貌岸然的学术名字——"私人生活史"。殊不知，隐私也罢，私人生活史也罢，它们的背后都是真实的人性，都是人性的丑陋和羞怯。有人据此感叹：人生不过是一场短暂的梦，只有少数人拥有清澈的心灵，洞悉自己的黑暗。

　　然而，隐私也罢，私人生活史也罢，都是人生的重要组成部分，它们不过是人们不便或不想向外界公开的秘密。因此，人们在书写历史教科书或口述历史时，包括在形形色色的回忆录中，屡屡把自己的正面事迹书写得堂堂正正，而对自己的阴暗面则加以掩饰，还往往以罗曼·罗兰的话来自我安慰，即"有些事情是不能告诉别人的……而且有些事情是，即使告诉了别人，你也会马上后悔的"。

　　这样一来，生活被过滤了，真相被遮蔽了，人性被扭曲了，历史被篡改了，以致人们所看到的，并不是一个完全真实的世界；人们所听到的，并不是一个完全真实的声音。而要恢复生活的本来面目，揭示真相，呈现真实的人性，老年人的忏悔和救赎，则是一个很好的入口。可以从他们的反刍、反思开始，从他们的回忆、陈述开始，大家都来一个忏悔录，把立体的人性、真实的人生展示给社会、展示给后人。这是进入余生的老年人应该做、可以做的。做好了功莫大焉，善莫大焉。

每一个老年人，尤其是那些有名气或社会地位的人物，那些有故事的人，面对自己的历史，对于自己没有露出的另外半边脸，面对自己讳莫如深的阴暗面，应当严格地解剖，细细地咀嚼，慢慢地反刍，深入地反思，还应当忏悔，应当救赎。

有的人罪孽深重，已经在监狱里忏悔、救赎；有的人病入膏肓，已经在病床上、在重症监护室里忏悔、救赎；有的人做了亏心事，受到良心的谴责，进庙就烧香，见佛就磕头，在寺庙、教堂里忏悔、救赎。应该说，这些都是必要的，但这还不够，还应该通过有效途径，对过去的过错、失误和罪责，开展一场关于心灵的对话，从思想深处进行触及灵魂的自省，把自己种种不光彩的丑事、不体面的糗事抖落出来，挽救自己曾经迷失过的心灵，赎回自己的罪过。有人说，思想是气体，谈话是液体，写出来才是固体。因此，如果能把这些自责、自省用纸和笔自言自语地记录下来，通过文字剖析自己人生中不够光彩的一面，把它们留给后人和后世，便是对自己、对亲人、对社会的最大忠诚。如果对这些东西讳莫如深，想扔扔不出，又无处安放，长期窝在心里，就可能把它们转化成怨气或戾气，自己不胜其苦，还可能成为一颗颗会随时引爆的炸弹。

这种忏悔和救赎，应当是一种人之为人的责任。每个人斑驳的历史烙印，无论是正面的，还是负面的，无论是正能量，还是负能量，都会散发一种沧桑的美。《圣经·旧约》中说："水里照出的是自己的脸，内心反映的是自己的为人。"人们在反省和忏悔中，不必自我掩饰，自我开脱，而要自我反省，自我救赎。既把成功晾出来，也把失败晾出来；既把光辉晾出来，也把丑陋晾出来，以此揭示人性的复杂，还原立体的人性：原来卑鄙与高尚、凶恶与仁慈、憎恨与爱恋，是可以并存于同一个人身上的。视人为佛，人人可为佛；视人为魔，人人可为魔。要通过自省、忏悔，把自己从种种烂事中解脱出来。这里，有一种很有趣的现象，那就是在这种反省和忏悔中，坏事比好事带来的触动更强烈，至少得多件好事带来的好心情才能抹掉一件程度相近的坏事带来的坏心情。

这种反省和忏悔要有勇气，与其被人揭下面具，不如自己揭下面具。被别人揭下面具，是一种失败；而自己主动揭下面具，则是一种担当。要活捉有罪的灵魂，用自己的不幸，教会自己理解别人的不幸；以自己的成功，为别人提供借鉴；以自己的失败，为别人提供教训；以自己的悲剧，让后人少一些悲剧。同时，以此来晾干不愉快的往事，修补心里的划痕。

这种忏悔与救赎，还是一座巨大的文学宝库，一片深厚的哲学沃土。它可以为人们提供巨大的精神享受和人文科学研究的土壤。有人说，人生若无悔，那该多无趣。此话极是。人们的忏悔和自赎，会使人生更真实、更厚重。我们所遭受的种种挫折和失败，我们所经历的种种丑陋和难堪，都是一个人真正的"学历"。越是糟糕的人生际遇，越能成为人生美好的回忆，就越是最好的人生故事。比方说，人们初恋的秘密，不管它多么青涩，多么幼稚，到了人生的晚年，依然会味甜如蜜。在我们的文学鉴赏中，在众多相声、小品、滑稽剧中，那些人人心中有、个个口中无，那些种种游离于人的主导理性、主流道德的边缘感情的呈现、描摹，那些对在人们意料之外又在人们意料之中的种种小聪明、小确幸、小虚荣、小温情、小浪漫的揶揄，那些对人们生活中的小伎俩、小吝啬、小嫉妒、小风流、小卖弄的讽刺，无不让人脸热心跳、会心一笑，无不让人同理共情、捧腹大笑。既然如此，我们的忏悔和救赎，又有什么难为情的呢？

这种忏悔和救赎，不仅是一种告诫、一种忠告，还是一种警示。古人说，"人之将死，其言也善"，那倒不一定。与之相比，"人之将死，其言也真"倒可能有更多的真理。一个老年人，在反思、忏悔和救赎中，在种种不很光彩的人生记录中，所记录的阅世心语、人生感悟，所承载着的种种信息，尤其是那些既咽不下去又吐不出来的东西，一旦吐出来，至少可以让人们分享他在错误生活里的教训。而且，不管一个人见识高低，他深度整理和收拾自己内心的行为，一定是很迷人的。

2.2　坚守善良这条底线

一个人到了晚年，只要他心智健全，都会明白一个最基本的道理。一个人、一个家庭、一个家族，可能通过不正当的途径聚敛财富、博取荣誉，或者获得个人的飞黄腾达，获得一个家庭的繁荣和发展。历史上的那些贪官、污吏、毒枭、赌王、恶霸、地痞、流氓不可一世，往往就是这样。但人类社会作为一个整体，其前途和命运终究属于好人，终究属于美德，终究属于真善美，否则，人类早就灭亡了。

人类社会的发展和进步，正是真善美与假丑恶相比较而存在、相斗争而发展的，自然科学和人文科学的发展和进步也是如此。在人类社会的各个领域，真善美为社会创造正价值，而假丑恶则生产负价值。社会的进步，人类的发展，就是创造与破坏、善良与邪恶、真理与谬误、进步与倒退的代数和。就一个人来讲，他作为社会人的价值，就是生产与消费、创造与破坏、贡献与索取的代数和。

因此，一个人到了老年，应当比那些懵懵懂懂的少年，那些踌躇满志的青年，那些为生存和发展而奋力拼搏的壮年，更懂得善的价值，更加自觉地向上向善，更加自觉地与人为善、与社会为善，而不应该向恶向罪。应该懂得把自己的善良留给社会，留给同类，把自己通过善行善举留下的正面资产、正面价值留给同类，留给后代。

一是要以一颗善良之心，牵着灵魂赶日子。

为人行善天护佑，做人有德福自来；月宫赐贵子，奖赏善人家。善良，表现为各种善行善举，最根本的是善心。如果不是出于善心的善行善举，说不定是一种伪善。古今中外的历史一再证明并将继续证明，于人生而言，善是最大的平安，最大的保险，最可靠的出路和后路。如果说美貌是推荐信，那么，善良就是信用卡。真正的善良，是一种智慧，它是能走进他人内心的一种真正的帮助。古往今来，没有一个人因为财富众多而被人们长久地怀念。一个人能留下来的几乎全都来自他的德行和公共行为。

作为一个老年人，在日常生活中，应该尽可能地给善良多一份眷顾。不动歪心思，没有坏心眼。主观为恶决不为，真诚为善积极为。自觉尊重公序良俗，利人之事常做，损人之事莫为，坏良心的事决不能做。把善良留在心里，让善良从心底流向社会，把那份超越职业冷漠的善良镀上道义之金，把温暖送给别人。让善生善，让爱生爱，让仁生仁。对于此前因不善铸成的种种过错、罪恶，不管是不是被识破、被揭露，都要真诚地忏悔，积极地救赎。因为罪过只能忏悔、救赎，不能洗刷。有人因为罪过，见庙就烧香、见佛就磕头，试图得到神灵的宽恕和赦免。这不过是一种侥幸，本质上还是拜求自己的欲望，是私欲行为的另一种体现罢了。

救赎自己的罪过，唯一正确的做法是真诚地悔罪，真心地改恶从善。过去为非作歹，或者正在为非作歹的，要洗心革面，金盆洗手，勿以恶小而为之，勿以善小而不为，决不能干坏事干顺手了，刹不住闸。与公家打交道，要对公益、对人类的共同利益抱有责任感，绝对不损公肥私、假公济私；与他人打交道，决不损人利己。要怜贫恤老，不欺负弱小。如果有能力，可以做一些力所能及的慈善，应尽可能多帮助别人。如果能力不够，做志愿者也是一个不错的选择。"爱鼠常留饭，怜蛾不点灯"，这是一种仁爱，老年人应当时刻加以遵循。

同时，友善、友爱、关怀等正面心理，对健康非常有益；而愤怒、计较、憎恨等负面心理，于健康非常有害。因此，即使单纯从健康出发，也应当选择善良，拒绝罪恶。

二是多奉献，少索取。

老年人余生时间有限，要抓紧时间把自己的余热、余能拿出来，为社会作贡献。有力的出力，有钱的出钱，有技术的出技术，有思想的出思想，有知识的出知识，有智慧的出智慧。可以做公益，可以做慈善。只要是为公共利益服务，所做的一切都是光荣的。即使单纯从功利的角度讲，也是爱出者爱返，福往者福来。

少索取，就是在维持自己正常生活和健康发展的前提下，不贪财、不贪名、不贪生。坚决拒绝不当得利、不当得名；自己生病了，应当自觉拒绝过度检查、过度治疗。自己治病养病，应尽量少占用社会的医疗资源，更不要挤占别人的生命通道，无端地消耗社会资源和亲情资源。

三是提升消费道德。

个人消费行为可能存在道德问题、正当性问题。过度消费、奢侈消费是不理性的、反人性的。余生过程中，大部分人从事物质生产、精神生产所投入的时间和精力逐步减少，消费投入也应逐步递减，因为很多东西已无力消受了。因此，古人有"六十不造屋，七十不制衣"之说。进入余生之后，要特别注意提升消费道德。要惜物，惜物就是惜自然、惜生活。要把惜物爱物当成一种修养，形成一种习惯。把可做可不做的消费项目减下来，可添置可不添置的物品就不要添置。衣食住行各项，都要突出实用功能，少搞高消费，杜绝奢侈消费。

比方说，一位公众人物，在职时接待客人或出席会议需要着正装。退休后，没有这样的需求，就不用买正装。原来用过的正装如果品牌优、品相好，就应该找合适的对象赠送出去，以物尽其用。死亡后再送人就没人要了，就成为垃圾了。再比方说，60岁后，不用说不再造房子，就是装修住房也应尽量避免。老房子的日常维护是必要的，但"大动干戈"地装修就不必了。因为装修房子，不仅要淘汰大量尚有残值的家具和物品，还会耗费大量的新材料。而且在装修中，还会产生大量的建筑垃圾，并不可避免地制造空气污染、噪声污染。有人会说，我的钱怎么花是我的事，关别人什么事？这话不全对，这里有一个消费道德问题。钱是你的，但资源是社会的。你花自己的钱是你的权利，但不能制造污染，也不能造成浪费。

还有的人，晚年贪图享受，还总喜欢跟别人攀比，衣食住行都要跟比自己好的人比。结果，不仅自己的消费道德降低了，自己还弄得不开心。人老了，不要在消费上跟任何人比。要比就跟那些消费水平不如自己的人比，跟比自己房子小、车子旧、花钱少的人比。这样，你的幸福感就会油然而生。这样的余生，就能得到灵性的清明、良心的安息，就能过得纯粹和愉悦。这样，还可以用晚年一天天的干净，为此前的种种不干净救赎，"处世不忘真善美，养生贵在精气神"。

2.3　接纳过往的全部

　　蓦然回首个人的历史，青春不觉远去，两鬓已染白霜。回眸走过的路，经历过多少红尘乐事，也经历过多少美中不足。有多少喜怒哀乐，让人难以忘怀；有多少魂牵梦萦，让人不忍前去。回忆当年是一杯美酒，让人在豪饮中感受到香醇绵厚；它又是一盏香茗，让人在浅啜时品咂出情思悠长。

　　人们告别人生的主体，进入了生命的尾程，这是无可奈何的。就生命的个体来讲，余生是相对的。不同的职业，不同的阶层，不同的健康状况，进入余生的状态是不尽相同的。在中国，国家公职人员及在公司里工作的人士，可以享受退休待遇；另外还有一部分人，像农民、部分私营企业员工或自由职业者，则没有退休一说。即使是符合退休要求的人，退休年龄也因层级和性别不同而有所差别。

当一个人进入余生之后，体悟过往的人生，有的成功圆梦，有的碌碌无为，有的则不得不向逼仄的现实低头。有的人高开低走，厚积薄发；有的人低开高走，积而后发。有的人志得意满，面对余生，深感风光不再，怅然若失；有的人壮志未酬身先老，满是不舍，心有不甘；有的人命运多舛，抱怨命运不公，一脸的不服。这就是人生各有各的造化，也各有各的价值，正所谓"芝麻盐，黑豆酱，张三李四不一样"。

尽管过往的人生丰富程度千差万别，但一个人进入余生之后，就必须接受过往的一切。因为它是余生的基础，也是余生的起点。人这一生，半世开花，半世秋凉，进入余生之后，过往的得失、成败、荣辱都已成为过去。成功者不必炫耀，失败者也不必沮丧。

人，出生于不同的地域，出生于不同的时代，出生于不同的家庭，大家并不是从同一个酱缸里捞出来的，故各有各的酸苦。每个人都饱经世故，但沧桑的版本各异。这就叫：哪一颗星没有光，哪一朵花没有香，哪一条河没有浪，哪一艘船没有港。不论是谁，都不可能面面俱到、事事顺心，总会留下这样或那样的遗憾。暮年后悔少年不努力，后悔入错行、嫁错郎，后悔教子无方，后悔遇人不淑；抱怨货比货该扔、人比人该死。其实，一切后悔都于事无补。

那些抱怨自己事业无成的人，应该明白，平凡是生活的本色，非凡是生命的追求。人生原本有许多无奈的缺陷，任何人的一生都存在着它的两面：收获的一面与丧失的一面，成功的一面与失败的一面。世界上没有那么多主角，没有谁可以随便当上总统、首相，主宰一个国家；也不可能有谁能随便拿个金牌，得个诺贝尔奖。多数人一辈子只能寂寂无名，平凡一生。

于人生而言，辩证地看别人的人生不易，辩证地看自己的人生更难。平心而论，人生谁都不易，没有谁比谁轻松，没有谁比谁容易。人生一辈子，也没有绝对好的时候。少时有少时的难，大了有大了的难，老了有老了的难。家家有本难念的经。穷有穷的难，富有富的难；贱有贱的难，贵有贵的难。没有谁的人生值得绝对羡慕，也没有谁的人生可以绝对鄙视；没有谁幸运一辈子，也没有谁倒霉一辈子。"人生不如意事十之八九"，这是人生常态。与其羡慕别人，不如过好自己的余生。

生命是丰富而有缺陷的，缺陷是灵魂的缺口。生命过于圆满，容颜完美无缺，性格坚不可摧，事业一帆风顺，往往会让人感到莫名的堵塞。每个人心中所希望的人生与他最终所达到的人生，都有不小的距离，这才是真正的人生。正如"人生哪能多如意，万事只求半称心"。因此，永远不要只羡慕别人的所有，而要珍惜自己的所有。在通向余生的入口处，与其羡慕别人，不如接纳自己，过好自己的余生。不必让老年生活覆盖一层墨色的忧伤，更不能让余生被一个个遗憾消耗掉。

一个人到了余生的入口处，可以对过去不做了断，也无法了断，但要做个了结。"长草短草，一把挽着"，大踏步地走进属于自己的"夕阳红"。应该捧起过往的香甜，告别过往的得失、成败与荣辱。已得的，不必执念；将失的，庆幸自己曾经拥有。要知道，没有什么必须是你的。而且，余生的丰富不在于得到了多少，而在精神的满足；日子快乐，未必是事事尽如人意，而在于时时内心充盈。

于人生而言，有两种情境最能检验人的灵魂和品质，一是苦难，二是成功。苦难能检验人灵魂的坚强与软弱，坚强的灵魂在巨大的苦难中仍昂然屹立，软弱的灵魂在寻常苦难中会一蹶不振。成功能检验人灵魂的高贵与卑微，高贵的灵魂在伟大的成功中仍能谦和淡定，卑微的灵魂在渺小的成功中也会得意忘形。面对余生，我们应该拥有高贵的灵魂和坚强的意志。

人生实质上是一场苦旅。要坦然接受过去的快乐和痛苦，接纳自己的不完美，对过去的如意和不如意照单全收。人生最甜蜜的东西，往往是忧伤的果实；人生最纯美的东西，大都是从苦难中得来的。人世间这么多来来去去，来是真，去也是真，不折磨自己，就可以修得淡泊平静。

不要纠结于过去的失败，因为失败是人生的一部分，它并不是一件多么可耻的事情，"每一粒沙，都是渴死的水"，失败是人生的一个有益又有趣的选项。如果一个人没有经历过失败，那就意味着他奋斗不够，创新不够。失败固然可怕，但如果一个人只做肯定成功的事，那他就只会做稀松平常的事，只是一个平平庸庸的人。而且相对于那些没有完成完整人生过程的人而言，你能进入余生，也算是一种成功。而且，正视失败，还可以为自己的余生收获某种清醒与坚韧，用乐观、理智的态度去接纳过往的全部。

不必沉陷于过去，应当感恩过往的人生。人生单程，走过的路不可以倒回去。余生的我，是延续昨天的我，而不是打倒昨天的我。要把握"正拥有"，不要在意"得不到"或者"已失去"。进入余生之后，去日苦多，来日无多。要看透自己，接纳自己，笑纳过往的一切。还要忘掉过去的种种不幸。要知道，过去的不幸，确实给你带来过痛苦和灾难，但在别人那里，不过就是个故事。只有不苛求过往，生活才不会为难你，余生也才不会为难你。只有接纳自己的不完美，承认自己的缺陷，才是自己的人生，只有接纳自己的平凡，才能以阳光的心态去拥抱自己的余生。无论昨天多么风光或者多么失意，明天天亮时，都一样起身做回自己，继续活下去。要学会跟过去握手言和，与生活达成和解，不为往事忧，只为余生笑，努力让余生闪烁着豁达智慧的光芒。

2.4　卸下无效的荷载，过简素的日子

人到了老年，没有多少时间折腾了。要拥有尽可能多的精神自由，用心感受当下的生活，就要把生活过得简单些，再简单些；朴素些，再朴素些。人活到极致，一定是简与素，往往最简单的最能凸显精神；最朴素的最有隽永的可能。一般而言，外在形式越简单，智慧的含量越高。

过简素的生活，不仅要有较高的理性，还需要较高的智慧。简素生活的要义，就是全方位地给人生做减法，做到欲望简素、精神简素、物质简素、信息简素、表达简素、生活简素。

一是为心理减负。

欲望溺人，欲望恣肆的地方，人性往往被扭曲。生存原本很简单，即使遭遇逆境，选择坚强就行。在生计

无忧的条件下，余生是需要简装的，身上负重太多，就会成为累赘。一些老年人，欲望还不少。没有抱孙子的想抱孙子，没有吃过满汉全席的想吃一顿满汉全席，没有出书的想出书，没有住别墅的想住别墅，没有豪车的想用豪车。即便这样，却也总感到欠缺与不足，永远惶然。其实，财富是属于全社会的，拥有者不过是暂时的保管者。那些想从生活中索取更多的念头和想法，无不是自己凶恶的敌人。如果放不下名利，最后就抓不住生命。常觉不足是愚者，日夜营营逐逐的人，只能永远贫穷，没有让自己满足的一天。

在这个世界上，没有无成本的占有，一个人占有得越多，他被占有的就越多。从一定意义上讲，人生不过是一只筐，前半生努力往筐里装东西，后半生又将筐里多余的东西一件一件卸下来。或者说，很多人人生不过是个口袋，口袋里装的东西边走边漏，最后剩下的只是口袋里的那个窟窿。到了最后方才发现，原来为金钱、功名、妻女、儿孙，忙忙碌碌一辈子，到头来什么都不是自己的。

因此，人到了晚年，要过得简素平静，一定要随心"锁"欲，把欲望节制在小小的范围之内，中止那种无休止的占有欲，果断地放弃一些牵绊人心的东西。不必刻意积累财富，聚敛财富往往会自陷于不义。将幸福定义为万贯家财的人，无法踏上心驰神往的幸福之路；把金钱当成万能钥匙的人，往往开启了始料未及的地狱之门。著名演员周润发捐献全部财产 56 亿港元给慈善机构，他说，我的理想就是做一个快乐的普通人，这应当是一种彻悟。如果你要的东西太多了，会让你喘不过气来。要学会与自己相处，"量时计享"，不让冗功剩物拖住自己，以致劳役心神于无用的地方。应该做自己觉得有趣而快乐的事情，不要把时间浪费在自己不喜欢的事情上。因为你不喜欢的每一天都不是你的，你喜欢的每一天才是你的。

放弃是一门学问，也是一门艺术。高尚的人放弃庸俗，纯洁的人放弃污浊，善良的人放弃邪恶，明智的人懂得取舍。一个人老了，要绕开障碍，排除干扰，懂得不被家庭羁绊，不被欲望套牢，不被责任捆绑，不在责任和欲望中挣扎。聪明的人，勇于放弃；精明的人，敢于放弃；高明的人，善于放弃。只有这样，我们的心才会敞亮和轻松起来。一个人放下得越多，越富有；活得越简素，越能听到内心的声音。只有舍弃那些不重要的东西，舍弃那些伤神费力的繁杂之念，才有足够的精力来享受属于自己的快乐。

二是为生活剪枝。

人老如树，一个人在人世间生活了六七十年，生活中的枝枝蔓蔓肯定少不了。亲情、友情、爱情方面的牵绊不少，财务、家务上的负累、鸡肋也不少。书架上的书琳琅满目，而要找一本想读的书，或查一些资料，却很难找到；衣柜里满满当当，而要找一件想穿的衣服却很费劲；一套本来还算宽敞的住房，却被众多"食之无味，弃之可惜"的"鸡肋"物件充斥着，要彻底搞一次卫生，都要来一次蚂蚁搬家。凡此种种，不仅平添烦恼，还浪费宝贵的时间和空间。而要解决这类问题，就必须全方位地"断舍离"，果断地抛弃旧物，为生活做减法。可控的一定要控住，不可控的想都不要去想，以此抵过流年，打败琐屑。

有一些老年人，曾经历过物资匮乏的年代，经历过饥寒交迫的艰难岁月，可能是穷怕了，总舍不得淘汰旧物，总认为旧东西放在家里又不要吃饭，说不定哪一天就可以派上用场，放在那里，以备不时之需。有人或者因为"备战备荒"的观念作用，或者因为自己年轻时一直过得紧巴，到了晚年，积攒了许久的消费欲望蠢蠢欲动，自觉或不自觉地滋生了一种囤积的倾向，不停地添置一些降价后的廉价东西，长期储备起来。这种为未来囤积的保存欲，大大超出了生活必需的范围。殊不知，再便宜的东西，不切实际地买太多，结果一样是贵的。而且，这种囤积，往往使得大房子越住越窄，好房子越住越破。那些不忍淘汰的旧物和不断囤积的便宜货，还会成为霸占自己快乐和幸福的侵略者。

因此，到了晚年，要下决心断舍离，不让旧物占据我们的空间，不让旧物成为我们心里的负累。最好能一周、一个月来一次断舍离。要明白这样一个道理，创造财富、增加财富是幸福，淘汰旧物、卸掉包袱、减少负累也是幸福；扔掉不必要的东西，在断舍离中把自己用不着而别人可能用得上的东西送人，让它物尽其用，还是一种奉献。老年人，置办什么家当，添置什么物品，不要贪便宜，要买就买最好的，买回后充分利用。《法国人只需十件衣》书中所呈现出来的消费观念，是很可取的。说明法国人穿衣少而精良，同样活出自己，这是对生活的尊重。

当然，时代进步了，生活品质提高了，有些东西更新是必要的，但买任何东西，都应先做可用性评估，即使是生活必需品，也应该添置新的，就淘汰旧的；买一件新的进门，就扔一件旧的出去。有些功能相近的东西，要注意一物多用，而不应当是多物一用。这样，羁绊才会越来越少，生活才会越来越轻松，还会把小房子住大，把旧房子住新，使书柜、衣柜变得清清爽爽，保证自己对空间的享受。只有这样，在自己离开人世的时候，除了肚子里吃的、身上穿的、留下来家人用得上的东西以外，没有什么东西碍眼碍心、碍手碍脚。过世之后，也不需要扫荡者、席卷者来扫荡和席卷，更不会造成太多的浪费。

三是屏蔽外来的干扰。

人生进入晚年，想做一些自己想做的事，总需要时间和空间。这就需要把注意力聚焦于重要的事情上，需要过滤掉一些不必要的储存信息，忘掉一些琐碎的回忆，抵御外来的繁杂事务。在资讯发达、信息爆炸的时代，不论身陷多深的喧闹，都要清除多余的信号信息，关掉某些频道，不能让信息沌潮毫无节制地涌来。特别是对那些质量低劣、与想做的事无关的信息，还要设置隔离带。在日常生活中，不要离信息太近，不要用电子产品太勤，不要被它们占据得太狠。只有与它们保持一定的距离，才会有属于自己的土地。比方说，许多国际国内突发新闻，当时看起来可能很重要，但当事情过去之后，就不再重要了，甚至连再说一遍的价值都没有了。我们可不能把有限的大脑空间和心理空间用来装这些东西。要干脆利落地切断一些陈旧的世俗经纬，直取人生要义。与其在低质量的信息上浪费时间，还不如在自己关注的事情上倾注心力。

过简素的生活，还要注意活在当下。对余生而言，活在当下才是最真实的。凡事预则立，不预则废是对的，但这种"预"，只能是预测方向和趋势，而不是细节。对余生而言，许多事情是无法提前的。对未来焦虑不已，却无视现在的幸福，这是有失明智的。不要去预测明天的烦恼，不要去打扫明天的树叶，不要与未发生的事拧巴，更不要想早一步解决明天的问题。人生在世，每天都有明天的功课、明天的烦恼。明天的功课和烦恼，今天是无法解决的。对春光，且趁今日有酒；悲白头，休说来日方长。不扫明天的树叶，是因为明天的树叶今天还没有落下；不拉明天的屎，是因为明天的食物还没吃进肚子里；不去挣下辈子花的钱，不要去买自己住不上的房子，因为一个人有没有下辈子还难说。放得下的人，处处是出路；放不下的人，处处是迷途。想得开的人，处处是春天；想不开的人，处处是凋枯。只有珍惜当下，不谈过去有多远，不谈未来有多长，用心把握每一天，努力把日子过成诗，余生才会越来越超脱，越来越潇洒，而不是越活越沉重，越活越没劲。

2.5　做一朵闲云，让余生过得舒缓些

　　如何过好自己的余生，固然与一个人的感性、理性和智慧有关，说到底，它与一个人的世界观、人生观、价值观密不可分。一般来讲，人们对余生的态度大体上有三种：

　　第一种是"及时行乐"。认为人到了老年，活一天，少一天；吃一顿，少一顿；喝一杯，少一杯。有享受的机会就要抓住，就要珍惜，就不要放弃，哪管死后洪水滔天。就连一些医务人员也习惯性地支持这种观点。当一个人病入膏肓、治愈无望时，医生往往会对病人和他的家人说："回去吧，想吃啥就吃啥，想穿啥就穿啥，想咋玩就咋玩吧。"第二种是"得过且过"。主张"车到山前必有路，船到桥头自然直"，过一天就算一天，走到哪就算到哪。第三种是"奋斗不

止"。就是"生命不息，奋斗不止""只要还有一口气，就要继续战斗下去"。

显然，及时行乐的余生观对于一个老年人来说，尽管无可指责，但它显然有些消极，并不值得提倡。得过且过的余生观，是理性的、明智的，在一定程度上是值得肯定的。奋斗不止的余生观，值得推崇，可以倡导，但对于老年人而言，不见得多么明智。而且，从全社会的角度讲，人们到了退休的年龄还不退休，年富力强的人怎么有机会发挥实力？一个人七老八十了，还什么事都自己做，那些等待就业的年轻人到哪里去就业呢？因此，老年人应该主动为年富力强的人让路，为后代让路。

对老年人而言，明智的态度可以是尝试着做一朵闲云，让自己的余生过得舒缓些。一个人到了晚年，当然不能浑浑噩噩，混吃等死。对于一个心智没有毛病的老年人而言，终日无所事事地闲着，无聊就会源源不断地袭来。因为无聊往往就是没有足够挑战的结果。而且无所事事是一种灾难，它无异于一种惩罚。既然已进入余生，也用不着一味地奋斗、拼搏，不必过被竞争胁迫的人生，更不必以生命搏事业。要学会享受余生的快乐。

一个人退休了，没有工作的羁绊，没有养家的压力，整个生活由过去以工作和养家为中心转向以闲暇生活为中心。人生不再是"速度与激情"，而是"静静的顿河"；不再是迅速地崛起，而是缓慢地消失。不必在责任和欲望中挣扎，而应该找地方安放自己那颗焦虑的心，让身体得以解放，精神得以放松，活力得以恢复，心灵得以宽慰。应当以不慌不忙、不急不躁的平常心，做一些力所能及的工作，不紧不慢地处理余生需要处理的各项事务，智慧地管理自己的余生，悠然、井然、欣然地安享自己的余生。

余生做任何事，不必总是奔跑，要使自己闲适些。

要把功名利禄看淡，把胜负成败看穿，把毁誉得失看透，以平静的心灵享受余生的乐趣。余生的路，走走停停，是一种闲适；边走边忘，是一种豁达。闲适，是一种人生哲学，也是一种生活艺术。懂得了这种哲学和艺术，便懂得了节制，懂得了松弛，懂得了收敛，懂得了有所不为，懂得了适可而止，懂得了得其所哉，懂得了冲和淡远。这样，就会在浮躁中学会沉淀，在压力中学会调节，在失去中学会珍惜，并获得身心的自在、闲适和舒泰。这样的余生才会有它应有的芬芳，这就叫

"若教闲里工夫到，始觉淡中滋味长"。

到了晚年，仍有人因忙碌而生活沉重，这是很无奈的，也是很不值当的。如果把余生当成一种审美的过程，就不必对自己太过苛刻。累了，不妨放松、放空自己。要经常给自己放假，给身体节能。老年人要把慢当成一种修炼，做任何事情，都要放慢脚步，适当驻足，将心灵之弦调节得松弛一些，让生活的节奏缓慢一些。放慢脚步，才是老年人与生活相处的最温柔方式。慢点吃，别噎着；慢点走，别摔着；慢点做，别累着。比方说，在闲暇时听听音乐就很好，不仅可以放松五脏六腑和大脑，还可以保持血管弹性，促进气血运行。应当通过放慢和舒缓，慢出胸怀，慢出余生的新天地。为自己留下一点空白和余地，生活就会少一些烦恼，多一些快乐。如果慢半拍，静半刻，低半头，就可以一直微笑，那就不妨慢下来、静下来、低下头。这样，不疾不徐，不紧不慢，走走停停，有板有眼，让忙闲皆有韵味。这便是柔和，是沉稳，是底气，是闲适，是优雅，是雍容大度，余韵悠长，也会使自己更加健康长寿。

要从闲适中寻找快乐。

宇宙是寂静的，人生的基调是寂静的，生命的本质是寂静的。一个人到了晚年，应当比什么时候都明白，人生没有永无尽头的旅程，人生的旅程什么时候完结不必在乎，在乎也没有用。你需要在乎的是，在人生有限的旅程中，把自己生活的环境看透彻，让自己在落日余晖中看清世界，泰然地对待每件事，豁然地对待每个人，坦然地享受每一天。当人衰老到一定的程度时，没有人要求你，没有人在乎你，这便是你认识自己的最佳时刻，是你开始照亮自己的最好机会，是你审视自己真实需求的最好环境。

　　一个人到了生命的尾程，每一天都是特殊的，每一天都是一份礼物，每一天都是余生的一部分。今天之后还有没有明天，还有多少个明天，就不好说了。要平心静气，修得淡泊平静，去寻找生命的快乐。正如谢灵运说的："余生不欢娱，何以竟暮归。"老了，不好好地玩乐一下，对不起即将归去的岁月。快乐的生活，并不是每个人天生都会拥有的，更不是天上掉下来的，需要我们去寻找，需要我们去经营。玩，是人生的基本需求之一，是人类的"原始欲望"，是人处于放松和自由的一种活动状态。它不仅可以增智，还可以增寿。要善于"寻欢作乐"，让晚年玩着过，把老年变乐年。可以乘风去自己想去的地方，逐浪去自己想去的地方，在"醉"与"痴"的状态中寻找自我，体验自己没有体验过的种种美妙。

要以热爱的姿态善待生命，让生命的节律回归自然。

到了晚年，所有的荣耀与骄傲、难堪与恐惧，都会因死亡而消失。老年人应该愉悦精神，伴随时光，顺应天性的自然节奏，安详从容地生活。心若天高云淡，自然会晴空万里。要摆脱世俗的焦虑，气要温和，质要慈良，量要宽容，让余生超脱、潇洒一些。淡如秋水，远如秋山，淡淡然，悠悠然，对俗世悲欢的扰攘，不再"有动于衷"。

对于晚年的未尽事宜，未了心愿，生而尽其功，死而尽其静，一切顺应自然。比方说，一个睡眠质量不高的老人，要告诉自己躺下就是休息，不用非得睡着，于是，就能释然，就不会再为自己的睡眠质量而纠结。对于一个运动不足的老人而言，散步就是运动，不用非出汗不可，这样就可以自我化解。我们跳舞，人便俏了；我们赏花，花便香了；我们玩乐，世界便乐了，谁说保健运动一定要量化呢？丰子恺先生说："既然无处可躲，不如傻乐；既然无处可逃，不如喜悦；既然没有净土，不如净心；既然没有如愿，不如释然。"有了这样的境界，就能以清静心看世界，以欢喜心过生活，以平常心生情味，以柔软心除挂碍，就能心情愉快，生活的每一天都会有它的精彩。

第三章

余生与他人和解

3.1 不向别人讨糖吃

进入余生之后，尊严具有特殊的重要性。无论如何，都不能因为年纪大了而丢掉自己的尊严。一味地强势，一味地硬撑，一心想着当硬核大爷大妈，固然不可取，但窝窝囊囊、唯唯诺诺、仰人鼻息地活着，更是不值得。如何做到人老心不老，人病心不病，人老志不衰，人老格不降，让自己活出具有含金量的尊严来呢？

一是不要倚老卖老。

作为老年人，会经常听到两句话：一句是"老干部是党和国家的宝贵财富"；再有一句是"家有一老，赛过一宝"。这两句话，让老年人听起来很受用。但这两句话在很多场合，都带有某种客套的性质，老年人切不可太当真。这两句话，自己年轻时也对老年人说过，难道都是出于真心真情吗？再说，讲这两句话是有条件的。当一个人刚退休，还是年轻老人时，还有一定的余热、余能，这种余热、余能，当然是一种财富。不说大官、大款、大腕的价值不菲，就是社会底层的老人，60多岁的时候还可以劳动，至少能从事一些家务劳动，还可以为子女照顾他们的孩子，条件好一点的还可以为子女买房付首付。但随着时间的推移，老人们的这些余热、余能会逐步丧失。一旦这种余热丧失得差不多了，在一些人眼里，你可能就不再是财富了，也不再是真正意义上的"宝"了。有些多子女的老年人，存在"有用时子女们抢，无用时子女们躲"的现象，就充分说明了这一点。此时如果还硬要这样说，就是睁着眼睛说瞎话。因此，作为老年人，可以很顺耳地享用"宝贵财富"的称谓，但千万不要以"宝贵财富"自居。

在现实生活中，有这样一些老人，他们觉得自己人生的大势已去。忆过去，遗憾多多；望未来，夕阳西下，满是黄昏。他们一方面悲观厌世，做出看透一切、超然于世的样子；另一方面，又怀着某种阴暗的心理，将他人的成长看成自己的损失，对新人、新事物、新方法怀有某种敌意，嫉妒年轻的生命，嫉妒年轻人的生活、年轻人的世界。有的常为衰老和疾病所折磨，心理扭曲，看着年轻人的发达，看到别人受到异性的青睐，而自己再也没有这些东西来安慰自己空荡的灵魂，就连原本拥有的那些哪怕是虚假的迎合、恭维、抬举也日渐减少了。就是在家里，其地位也日渐边缘化，因而心理失衡、失落。这种心理，不同的老年人可能强度各不一样，却是比较普遍的。

要缓解这种心理，就必须接受自己青春不再的事实。要知道，自己也曾经年轻过，没有人会青春永驻，现在如日中天的年轻人也终将老去。既然自己已进入了老年，就必须习惯于别人的忽冷忽热，看淡人们的渐行渐远，用心甘情愿的态度，过随遇而安的生活。即使你年轻时呼风唤雨，但现在已退出舞台，聚光灯、观众不再跟着你转，是再正常不过的了。跟红顶白，人走茶凉，实在是人之常情，无可厚非。而且年老了，别人怎么看你，跟你毫无关系；你怎么活，与别人也关系不大。老年人只能过老年人的日子。

既然老了，当然不要拒绝别人真诚的照顾，排斥别人的体贴。但要知道好汉不提当年勇，不要端着架子，辛苦地守着只有自己看重而别人并不在乎的颜面。在年轻人面前，尤其不要歌颂过去的苦难，更不能企图用你过去的苦难去打动任何人。自己要尽其所能地老有所为，老有所乐，但也切不可去蹭别人的光。对于生活中的一些棘手的人和事，要量力而行，尽力而为，切不可使强逞能，去做无谓的努力。对于别人的请托，办得到的就办，办不到的就要承认自己力所不逮。如果拼着老脸去应承，则是一种愚蠢，往往会自取其辱。

二是要多追求一些精神，少追求一些物质。

年纪大了，在物质上要求简、求窄，精神上求奢、求宽。如果不是生活所迫，过多地关心物质就不必要了。老年的托尔斯泰说："随着年岁的增长，我的生命越来越精神化了。"这是人生的一种理想境界。但并不是所有的老年人都能有这样高的境界。不论是谁，晚年生活过得精神一些，都是应当追求的。对老年人而言，不断地学习是最好的养老方式。西方谚语说"没有狗老到不能学的新把戏"，这句话应该不错。老年人，不论他是什么条件，不论他处在什么环境，都要注重学习，学习新知识，掌握新技能，了解新信息，让自己的思维不生锈，观念不落后，知识不陈旧，技能不落伍，生活不单调。通过学习，放大自己的格局，放下身外之物的困扰，在精神信仰上登高，在利益诉求上等闲，在有限的空间里，扩展自己的精神世界，决不能当"心灵贫民"或"心理乞丐"。老年人还要注意一个问题，就是不要哭穷，不要卖惨，也不要贩卖焦虑。因为没有人原谅你的穷，没有人同情你的惨，也没有人帮你缓解焦虑。

三是不求光鲜，但求体面。

一个人老了，如果能有范、有型、有派、有面，固然求之不得。能有渊博的学识、豁达的气度、谦和的作风、端庄的举止、慈祥的笑容，更是令人羡慕和敬重，但这不是每个老人都能做到的。因为，随着衰老的不断加深，脏臭蠢丑会不请自来，接踵而至。且不说思维呆滞，形象丑陋，就是"加龄臭""大叔臭""老人味"，也会让人难以接受和亲近。

因此，面对衰老这门人生的必修课，要求所有老人都老而光鲜，是不切实际的，很多老人做不到。但老年人应该尽可能生活得更体面些。人在不同时期有不同的美：孩童有稚嫩的美，青年是健旺的美，中年有成熟的美，老年有淡泊自如的美。老年人身上经过岁月沉淀的优雅，像娴熟、富有经验、阅历深等，就是很美的。老年人的美，不一定是帅，不一定要靓，但要整整洁洁、干干净净、清清爽爽。

为了克服加龄臭，勤洗澡、勤换衣是必须的。为了延缓老来蠢，多阅读、多思考也是不难的。可以把阅读当成一种养生，通过阅读来明理、修身、益智、养德。日常生活中的衣着，还是应该讲究一点。努力让自己成为年轻人喜欢的"精致奶奶""帅气爷爷"。衣着是一种无声的语言，它毫不掩饰地把一个人的审美品位、修养品行、志趣品格以及对生活的态度一一摊开来，晾晒在世人面前。而且，衣着形象，表达的是社交尊重，也传递着一个人的人生态度。老年人穿衣，当然要以舒适为原则，不土不俗即可，无须品牌，但应该尽可能地展现自己的气质和心境。老年人要把自己打扮得简洁利落、知性优雅、时尚亮丽，以凸现自己的气质和心境。这不仅是对自己的一种款待，也是对别人的一种尊重。何况，如何打理自己的外貌，既是私人问题，也是社会问题，而且精心打理还是一种好的养生方式呢！

四是不要向别人讨糖吃。

老年人自尊，要特别注意一个问题——不向别人讨糖吃。不向部属要尊重，不向子女要孝顺，不向组织要待遇，不向社会要优待，不向受恩者要回报。

当你在职时，可能你的部属或后辈对你言听计从，敬重有加。这是一种分工，一种秩序。但你退休后，还这样要求你曾经的同事们就不应该了。因为，你不能把工作的权威当成自己的权威，不能把工作的影响力当成自己的影响力。

作为父母，你生育和抚养了你的儿女，这是你为人父母的天职。你现在老了，你的子女长大了，他们孝不孝顺，主动权在他们手里。他们不孝顺，或者心有余而力不足，你向他们讨要孝顺，是讨要不来的。实际上，父母养育子女也不全是无私和奉献。一方面，生了子女，就有养的义务，而义务是不图回报的。另一方面，你在养育子女的过程中有付出和辛劳，同时也收获了满足和快乐。这种回报已经在养育子女的过程中得到了体现，至少是部分体现。如果你想养育子女而没有子女可养，你虽然少了付出和辛苦，但同时也少了其中的满足和快乐。

每个人在青壮年时，无不属于一定的群体、一定的组织，也曾为你所属的群体和组织付出过你的智慧和力量，组织上也按相关的政策和规定，给予了相应的待遇。如果你退休后还向组织讨价还价，提出这样那样的要求，想要这样那样的待遇，就过界了。

老年人生活在社会上，在很多公共场所，有这样那样优待老人和老人优先的种种提示。对此，你只能听其自然，不能强行索要。因为人们尊重一个老人，不是尊重他的年龄和辈分，而是尊重他的人品和行为。别人给你优待，你要表示感谢；别人不给你优待，你千万别去争。如果你强行索要优待，只能是自讨没趣。

你或许曾经帮助过别人，别人在你的帮助下，可能获得过成长进步，或者渡过了难关。你到了老年，就不能指望别人回报。别人知恩图报，你应当心存感激；别人没有来回报你，你千万别抱怨人家忘恩负义。因为受恩者也许并不知道你的施恩，或者一时无以为报。

如果你在社会交往中遭遇了不痛快，甚至受到了伤害，只要不是太出格，最好是选择默默地承受，慢慢地释怀。尼采说："一个人知道自己为什么而活，就能忍受任何生活。"一个人到了晚年，要远离是非。不到万不得已，最好不要卷入官司，与人对簿公堂。老年人卷入诉累，是最无奈、最不值当的，应该努力避免。

3.2　营造轻松的亲情氛围

亲情，是亲属之间的一种特殊的感情。它的特殊表现在，不论富贵与贫贱，不论健康与疾病，甚至不论善恶，都客观存在和一直保持着的一种感情。这就叫血浓于水。

亲情发端于父母，它沿着血缘、姻缘、母系、父系的方向开枝散叶，形成一个巨大的"场"，形成一个里三层、外二层的血缘集团、姻缘集团。每个人一来到人世间，就无不处在这个集团的亲情关系之中。

不论这个"集团"有多大，其核心成员就是父母与子女，或者说是生我者与我生者。父母与子女，是彼此赠与的最佳礼物，是十指连心的关系。因此，父母之亲，为天下第一亲；父母之爱，是天下第一爱。

然而，亲情有着显著的两面性。一方面，它是一种感情，一种安全，一种保障，一种动力，一种重要的资源。另一方面它又是一种负累、一种牵绊，甚至是某种陷阱。中国人历来重视亲情，甚至把亲情经营成一个一荣俱荣、一损俱损的命运共同体。一个人六亲不认，不仅会招致批评和谴责，还会被视为异类，为社会所排斥。这样的人，在中国是很难立足的。但是，一个人如果六亲都认，就会牵绊多多，束缚重重，步履沉重。历史上，成也亲情，败也亲情的人和事屡见不鲜。

现在，一些人的亲情已被严重庸俗化、势利化、市侩化、市井化。他们的亲情被金钱污染，被利益扭曲，就连法律和正义有时也为它所操控。一句"穷在闹市无人问，富在深山有远亲"，道破了亲属之间的人世沧桑。与此相近的表述还有："门前放根讨饭棍，亲人故友不上门；门前拴上高头马，不是亲来也是亲；不信且看筵中酒，杯杯先敬有钱人；有酒有肉多兄弟，有难何曾见一人。"还有一段相声是这样说的："穷人在十字街头，耍十把钢钩，钩不着亲人骨肉；富人在深山老林，抡刀枪棍棒，打不散无义宾朋。"

即使是至亲，很多时候也是锦上添花的多，雪中送炭的少。一个人成功了、发达了，借光、沾光、蹭光者众，争光、增光、添彩者少，而且沾不上光就翻脸。不少生活、工作中的困难，常常是亲戚造成的。一个人失败了，亲人们便像逃避瘟疫一样，避之犹恐不及。在社会治理中，由亲情衍生和扩大开来的人情是规则的天敌，好多事坏在人情上，也扭曲在人情上。人情是一笔沉重的欠账，君子欠强盗的，君子成了强盗；权力欠利益的，律令进入了暗箱。人情链条上最私密的投桃报李，就是用瞒天过海的手段，动规则的心眼，挖规则的墙角。讲人情的好处是古道热肠，有情有义有温暖；讲人情的坏处是极易颠覆操守和公平。

　　一个人进入晚年之后，其亲情的总量、结构都会发生深刻的变化。他的上一辈，无论是母系还是父系的长辈，伯伯、叔叔、舅舅、七大姑八大姨大都已不在世了。他的同辈，兄弟姐妹、表兄弟姐妹，也大都进入了老年，已经活力不再，来往有限了。他的下一辈，已经成长起来，远走高飞了，有的已经有下一代了。就是说，亲属关系已经变得单薄且淡薄了，亲情已基本上回归到主要是由祖孙三代组成的核心家庭了。老父老母，生命之源；子孙后代，生命之继，这是一切家庭中最稳定的关系，也是一切亲情中最核心的结构。

　　一个人到了晚年，如何认识和处理亲情呢？最重要的原则是两条：一是要珍惜亲情，维护好亲情；二是把握好亲情的界限，不受亲情羁绊，不使自己因亲情感觉沉重。中国是一个亲情社会，亲人间常来常往，不管喜事、丧事、家常事，都牵牵绊绊、拖拖拉拉。东家南家西家北家的事情，最后全都变成了自家的事情。一天到晚，大家忙得好像是井里拉上拉下的那个大水桶，患得患失，惴惴不安，压力很大。因此，处理与核心家庭成员之外的亲情，要厘清界限，注意减负，让亲情轻松起来，让自己的内心安恬自在。

　　一是"人穷不走亲"。

　　"人穷不走亲，马瘦别走兵"，这是人们总结出来的经验，是毋庸置疑的。法国作家莫泊桑的小说《我的叔叔于勒》，把这种亲情刻画得淋漓尽致。人们对自己的亲兄弟、亲叔叔尚且如此，何况是一般的亲戚呢？一个人自己混得不好，没有人模人样，就别去寻求亲友的帮助。要为自己留点颜面，这应该是一个人为人的骨气。

　　二是"亲戚只望亲戚好"。

　　人到了晚年，亲戚中健在的同辈，成长中的下一辈，彼此有个念想，时不时地想起，时不时地问及，衷心地希望彼此平安、幸福、成功，是理所当然的。如果知道谁有困难，自己又有能力，能帮一把就帮一把，能扶一程就扶一程，这便是最理想的状态。

三是"亲戚不管亲戚事"。

亲戚家里有什么事，特别是那些涉及夫妻关系、家长里短、子女孝顺与忤逆之类的问题，不要太过热心，也不要去打听，更不要去掺和。因为即使是一母同胞的兄弟姐妹，几十年生活下来，经历不同，见识各异，价值观也会大不相同。谁也不能拿自己的尺子去丈量别人的生活。过问亲戚家里的事既不合适，也不管用。弄不好，还会滋生和激化矛盾，导致亲戚反目，兄弟失和。

四是不以亲情害公义。

无论是为官从政，还是为人处事，都应当把公义放在亲情之上，把规则放在亲情之上。哪怕是父母兄弟、妻室儿女，其损公肥私、损人利己的行为也不能支持，作奸犯科的行为更不能袒护。

处理核心家庭成员之间的亲情，更要掌握好界限，拿捏好分寸，让彼此轻松和谐。

第一，不要一门心思地望子成龙、望女成凤。

中国的父母，不论其社会层次、知识修养、道德面貌如何，无不望子成龙、望女成凤。父母的这种"热望"，美其名曰"可怜天下父母心"，还每每理直气壮地说"这都是为你好"。有的父母，不仅生前为子女，还希望自己死后能保佑子女，"生前为善不为报，死后但求子孙贤"。

人们望子成龙，不排除有养儿防老的考虑，有对未来安全的考虑。但更为根本的一个原因就是，中国"父（母）以子贵"文化的影响。父（母）以子贵，父（母）以子荣，是人们所热烈追求的。与之相应的是，父（母）以子贱，父（母）以子辱，这也是为人父母所高度防范的。因此，中国许多父母，总是不顾子女的实际条件，一厢情愿地希望子女出人头地、光宗耀祖。为了达到这个目的，便巴巴地望着甚至逼迫子女发奋、用功，"头悬梁、锥刺股"，自己也殚精竭虑地为子女服务。这样，两代人之间的关系往往绷得很紧，双方都不轻松，因此而酿成悲剧的也不少见。

其实，就整个社会而言，如果不出意外，绝大多数人的子女都只能是普通人。在中国，几乎所有的父母都希望自己的子女成龙成凤。实际上，也许99.9%的子女最后都只能成为一条普通的"虫"，可是他们都要像那0.01%的龙凤一样奋斗。结果往往是龙凤做不成，虫也做不好。一个社会，人人向善、人人向上是大好的局面，但人人都不甘平庸，都想出人头地，都想干一番经天纬地的大事业，这个社会一定很可怕，非出乱子不可。作为父母，对儿女尽到职责就够了，不必刻意地打造子女，逼子女成龙成凤。子女的成功，不是父母的功劳；子女的黯淡，不是父母的过错。即使儿女不成器，给父母带来了这样那样的遗憾，但这又有什么反常的呢？

因此，父母与子女要互相顺应，不要彼此苛求。彼此苛求的结果，往往会两败俱伤。父母与子女之间应多沟通，沟通不了就妥协，妥协不了就只能宽容了。不然，还能怎样呢？

第二，不必对子女负无限责任。

父母之于子女，有抚养之责，有监护之责。这种责任，既是人伦的，也是法定的，是不可以打折扣的。中国的父母，逃避抚养责任的人是极少数，实际上多数父母是做过头了。很多父母的一辈子，全是为了子女。他们把生命的衰老化作山、化作灯、化作路，陪伴、指引、教育子女成长。有的渴望用自己的生命为后代留下点什么，恨不得把终身奋斗积攒的全部家当一股脑儿全给子女，用来恩泽子孙。即使到了晚年，有的还一心沉浸在关心儿女的思念中，把子女当成唯一的精神支柱，并为此放弃生活的乐趣甚至整个自我。为子女带娃的"银发军团"，放弃自己的"夕阳红"，简直是中国一道别样的风景。

还有这样的父母，他们自己不奋斗，却把自己的愿望转嫁到子女身上，年纪轻轻，才三十几岁就说他们不行了，就靠子女了，并且把主要甚至全部精力放在培育子女身上。这看起来是关心子女，实际上是转嫁负担。几乎是本末倒置。有人说，怀孩子是意外，生孩子是责任，养孩子是义务，靠孩子是错误。这样的子女观，看起来有些冷漠，有些绝情，但相对于那些把自己的人生责任转嫁给子女的价值观而言，应该是一种洒脱，一种觉悟。

父母给子女最大的财富，就是培养他健全的人格，传递给他一种开朗乐观、积极向上、百折不挠的精神，这胜过任何物质上的东西。父母该给子女、可给子女的，当然要给，但要有节制；不该给、不能给的绝不给。作为父母，要警惕"以财货杀子孙"。子孙因遗产而骤富，容易淫逸骄奢，唯物寡情。父母这样做，不是爱他们，而是给他们学坏提供了便利。南开大学创始人张伯苓强调对子女"留德不留财"，就是因为他认识到给后代留下钱财，以后会有很多麻烦。历史上、生活中，赏心悦目的人间喜剧，未必全与金钱有关；痛心疾首的人间悲剧，却常常与金钱有关。这应该给老年人深刻的警示。

年老的父母，应该把生命看成一种权力，一种实现个人幸福的权力。有能力的时候，应热心回馈社会，同时还应当给自己留下一点养老的本钱，保障自己老了之后能独来独往。没有钱，有些想做的事可能做不了，还可能被家庭的贫困所拖累。老年人要想把余生过得硬气，帮助子女要有度，要给自己留退路。即使对子女"留一手"，也不算什么坏事。两个口袋空空的老人，腰杆挺不直，不得不为五斗米折腰，难有独立人格。毕竟，风烛残年是要应对自己衰老病死等必然事件的。

第三，收起你那可怕的家长欲，不要"在嘴上为子女导航开车"。

有不少痴心父母，一生为子女打算谋划，对子女的一切都大包大揽，一辈子都在心里为子女"开车"。子女的就学、就业、择校、择偶，都尽心尽力，并试图驾驭子女的意志，操控子女的一切。总是执着地给子女"上课"，总是以"不听老人言，吃亏在眼前"为理由，为子女的爱情、事业、家庭做主。这就好比子女开车，父母总是没完没了地"在嘴上为子女开车"：直行、左拐、右拐、加速、减速、掉头、变道、停车等。这样做，自己心累不说，子女也不胜其烦。其实，子女"开车"，方向盘在他们手里，父母所做的一切都作用有限。而子女也最讨厌父母对自己天天管着，什么事都代做决定。

作为父母，如果真心爱护子女，就要为子女着想，而不是站在自己的立场上，为子女做主。在子女的一些重大问题上，父母根据自己的人生经验来指导子女，是可以的，但只能指点，不能指指点点。父母应该作为一个"参议员"，以平等的态度，以心平气和的方式去交流和沟通。应该作为一个旁观者，提出自己的意见和建议，而不是强迫子女按照自己的想法去判断和选择。要知道，子女的人生不属于父母，而属于他们自己。你眼中的幸福，未必是他想要的幸福；你给他设定的高度，他们往往力所不及，就像你的父母给你设定的目标，你也往往达不到一样。即使父母的素质再高，道行再深，试图成为子女的统治者也是毫无道理的。当子女不接受你的意见时，不能把自己的意志强加给子女。因为你永远没有办法去改变子女的想法，你没有这样的权力，也没有这样的义务，更没有那样的耐心。要做一个敦厚的长者，打理好自己的事，少管子女的事。不要让关爱成为干扰和负担，更要避免爱到极致成自私。要相信，成年子女比自己有更好的判断力，不要扰乱他们的视听，不要干扰他们的判断。对子女的倾情付出若是为了换取爱与顺从，就变成了一种控制。何况，到头来老臂膀也掰不过嫩胳膊，没有父母能赢得了子女。

有研究显示，人类的智商每年上升 0.3。就是说，如果 100 年前的聪明人穿越到现在，比现代人智商要低 30 个点。举一个实际的例子，几十年前的经典电影如果拿到现在来放映，观众可能会觉得太幼稚。因此，两代人之间，对代沟最好的尊重，就是对上一代人好一点，因为他们的智商可能比你低。即使面对上一辈的愚昧和错误，子女也应该宽容，合理弥补；对下一代指手画脚少一点，因为他们的智商可能比你高。在子女面前，切不可当"酸菜鱼"——又酸又菜又多余。何况，痴心的父母一生为子女打算谋划，当父母离世后，也不知道自己的子女会有怎样的人生际遇，总不可能为他打算一辈子吧！实践证明，"我这都是为你好"式的亲子关系，往往在控制与逃离中渐行渐远，还可能两败俱伤。

第四，要遵循"刺猬原理"，与子女们保持适当的距离。

人到了老年，与子女生活在一起，服务子女，照顾儿孙，又接受子女的照顾，享受天伦之乐，享受亲情的慰藉和滋养，这固然很好。但双方都必须接受一个现实，那就是"代沟"的存在，而且随着时间的增长"代沟"还可能不断加深、加宽。老一辈，一天天变老；后一辈，一天天成长，一天天历练，一天天强大。两代人之间，不在一个频道上，很难有共同语言，很难产生共鸣。这种"代沟"引发的分歧，是不同时代、不同经历的产物。它本身没有高低对错，也不必分出高低对错，但它却是一个客观存在。

作为老一辈，要承认代沟，尊重子女的生活空间，懂得照顾下一辈的感受，让彼此关系更融洽。儿女成家了，老两口与小两口是两个"单位"，是平行关系，没有隶属关系，应"互不干涉内政"。小两口的一些事，你看不惯，不妨"睁一只眼，闭一只眼"。这样，几代人之间有了爱和尊重，自然就有了相处的分寸和礼节。老人要有亲切心、亲和力。如果彼此产生了矛盾，要妥协，要躲气，要学会拐弯，不要赌气，不要因为一件小事情把好心情弄没了。吵架，不管在什么时候、什么情况下，都不是一件愉快的事，要尽量避免。一家人生活在一起，难免有不痛快的时候。遇到委屈，不必据理力争。家庭是讲情的地方，是爱、欢乐和笑的殿堂，不是讲理的地方。在家里，可以有争执，但不能恶语相向；可以有冷战，但冷战之后应敞开心扉。意见不同，请保持微笑，切不可为了占上风而把矛盾升级为"战争"。如果你一点委屈也受不了，那么，你必然会去委屈别人。因此，如果有可能，父母可以与子女共同生活，但不一定要住在一起。保持"一碗汤的距离"，那是最好的。

第五，不用"百善孝为先"来绑架子女。

在中国人的头顶上，"孝"是一座沉重的大山。有一些老年人动不动以孝与不孝来评判人，以"百善孝为先"来绑架人。稍不满意，就斥之以忤逆，就被扣上"不孝"的大帽子。其实，传统的孝文化，像埋儿奉母、卖身葬父、扇枕温衾、卧冰求鲤、恣蚊饱血等，都是以牺牲儿女为特征的。严格说来，有些是不理性甚至是反人道的。如果父母以牺牲子女的幸福来满足自己，还振振有词，简直就是一种道德绑架。还有老年人这样解读"孝"：唠叨的父母，聆听为孝；病弱的父母，出力为孝；脾气暴躁的父母，理解为孝；患病的父母，照顾为孝。这也是一种道德单边主义，几乎是一种霸凌行径。

有这样的高龄老人，自己长期卧病在床，却要求子女放下手头的工作，丢下自己的生活，全年无休地陪护，甚至不惜看到他们工作生活因此而变得一团糟。现代社会，职场竞争激烈，年轻人为了赢得更好的机会，追求更好的生活，选择背井离乡甚至漂洋过海去打拼，他们本身已疲于奔命，无法对父母进行充分的照顾和关怀。而我们有些年迈的父母，则不体谅子女的困难，要求子女为减轻自己的痛苦而做出牺牲。有的老人因长期生病而不适、难受、疼痛，难免厌世、敏感、情绪失常、喜怒无常，难免把身体的痛苦放大，动不动就迁怒于子女，随时随地向子女发泄负面情绪，而子女不得不选择隐忍。有些子女时间一长，难免觉得厌烦，做出嫌弃之事。这不能全怪子女不孝。孝心再好，也不能长期承受他人的负面情绪。作为子女，他们有他们的事业，他们还有他们的另一半和他们的子女。特别是那些身处职场的独生子女，对于尽孝常常是心有余而力不足，毕竟他们无分身之术。当忠与孝、事业与孝老之间发生冲突时，不能以孝的名义来牺牲子女。

在中国的孝文化中，还有一个极朴素的理论，就是"我养你的小，你养我的老"。这个理论，没有"百善孝为先"那么高大上，它撕开了温情脉脉的人伦面纱，把冷冰冰的市场法则、金钱关系表达得一清二楚。

有这样一个故事：一座孤岛，岛上主要有蛇和老鼠两种动物。蛇冬眠后，老鼠吃蛇半年；蛇苏醒后，蛇吃老鼠半年。这样不仅公平，也维持了岛上的生态平衡。显然，父母与子女的关系，不应当是这种蛇鼠关系。即使是这种关系，"养小"与"养老"两者也是极不对等的。我们说"老人如婴"，说的是老人与婴儿的心智不相上下，而不是说"育小"和"养老"两者的负担等同。养小与养老两者相同的是，都得付出巨大的心力、精力、财力和物力，但护理一个无能的婴儿与护理一个失能的老人，是有很大差别的。

育小所面对的孩子，是香喷喷的；而养老要面对的，如果是失能老人，则可能是臭烘烘的。孩子的脸蛋，是红嘟嘟的；而老人的脸，则是干瘪瘪的。孩子的涕泗滂沱，尽管有些闹心，但让人爱怜；老人的老泪纵横，虽然相对克制，却让人撕心裂肺，心生绝望。育小所面对的孩子，一天比一天聪明，茁壮成长；而养老所面对的老人，则可能一天比一天衰老，一天比一天呆滞。婴儿用尿不湿，是因为婴儿不懂得控制；而老人用尿不湿，是老人想控制而不能控制。育小所面对的孩子生病，常常是头痛脑热；而养老所面对的老人生病，则往往是大病恶疾。育小面对的摇篮中的孩子，伸手就可以抱起来；而养老面对的是病榻上的老人，不用说抱，就连给他翻个身也殊为不易。

应当说，子女的反馈式养老，固然有它可取的地方，但相比之下，接力式养老，专业的养老机构养老，应当更符合人性，应当是人类养老的方向。

一个进入晚年的父母，在处理与子女的关系时，应该多讲慈爱。对家人应该是满眼的温柔，一脸的慈祥。

应该用生命点亮生命，用生命擦拭生命，用生命连接生命，用美好赢得美好，而不是用生命纠缠生命，用生命绑架生命。要体谅子女，而不是强求子女；要解放子女，而不要绑架子女。从根本上讲，子女过得幸福，就是对父母最大的孝；子女过得不幸福，就是最大的不孝。因为天下父母把子女带到人世间来，并不是要他们为自己受苦的，而是要来享受生命、成长带来的快乐的。一个人老了，要立足于自己养老。自己住养老院，自己支付养老的费用；自己病了，要立足于自己照顾自己，自己住院，自己请护工。一个人年轻时，尽可能不拖累生你的人；一个人年老后，尽可能不拖累你生的人。这样，大家为自己爱的人提供快乐，为爱自己的人提供解脱。不应当把自己衰老、疾病、死亡的种种麻烦一股脑儿甩给子女。

3.3　给友情以弹性，让孤独更自洽

人进入老年之后，在社会关系方面有两个问题会日渐凸显：一是友情资源日渐萎缩。在此前的人际交往中，有平行线、交叉线、胶着线。其中绝大多数是平行线，没有多少交集；同学、同事、朋友是交叉线，只有短暂的结识；胶着线就是父母、兄弟、夫妻、子女。退休之后，过去的同学、同事，关系一天天淡了，最后相继断了。过去普通的朋友，关系开始一天天松了，最后相继散了。过去的铁哥们、好姐妹时不时在一起聚聚、聊聊，但随着年岁的增加，也开始各奔东西：有的到异地"投奔"子女去了，有的回老家乐享田园去了，有的躺在医院里"维修"去了。大家见个面都不容易了。二是老年人活力递减，活动半径递减，重建社会关系的难度大了。比起年轻人五彩斑斓的生活来，老年人的生活要单调得多，生存空间要小得多，生存状态也会日益封闭。于是，寂寞、孤独就像野草一样疯长，深不见底的孤独就像瘟疫一样蔓延开来。老人最怕孤独，而又最容易孤独。因为社会空间被压缩，还容易产生一种自贬自弱的倾向。

面对友情资源的萎缩和孤独感的蔓延，老年人应如何应对呢？

第一，给孤独以更多的自洽、自适。

孤独，是老年人的一门必修课，回避、逃避是不可能的。而且年龄越大，孤独的侵袭就越深。

人一旦进入老年，就要有面对孤独的准备。要知道，我们不过是一条孤独的鱼，不小心游到这个世界上，被这个世界收留。孤独是老年人的一种常态，面对孤独，老年人最好的状态就是能在安静中自我丰富。安静就能摆脱浮名浮利的诱惑，丰富是因为有内在精神的宝藏。耐得住孤独，才不孤独；耐不住孤独，却偏偏越发孤独。孤独是强者的一种勇气，是热爱生活的一种激情，是一个人的灵魂背对着世俗的种种诱惑与沧桑，与万物的一种交流，是想象力最丰沛的泉眼。面对孤独，最智慧、最管用的办法就是，找到适合自己的方式加以排除，以求自洽、自适，而不被孤独伤害，不被孤独打败。

　　要学会独处，学会自己跟自己玩。独处是一种自然的、适合每个人的生活方式。独处就是阅读自己，浏览自己。就是倾听内心的声音，走进自己的内心深处，翻翻拣拣、洗洗涮涮，就好比是一次次有滋有味的反刍，一次次深情的告别。能与自己的灵魂进行交流，是很快乐的。从某种意义上讲，独处是自我丰富，孤独是一种自我匮乏。独处是一种力量，善于独处的人，较少受到外界的牵制。如果一个人没有交往的能力，他丢掉的不过是利益；如果一个人没有独处的能力，他丢掉的是自己的灵魂。

　　要独处，就不能让自己迷失在人群中。在世态炎凉、人情冷暖面前不妨麻木些、迟钝些。选择闲云野鹤般的生活，不被世俗眼中的所谓成功束缚，活在自己创造的生命状态里。圈子不同，无须强融。不属于自己的圈子，别去挤；不是自己的伞，宁可淋雨，也不必往里头钻；不是自己的菜，别伸筷子。

　　面对滚滚红尘，要保持自己相对的独立性，做到恰如其分的自爱。不勉强自己，不撕裂自己。现代社会，很多青壮年人是在撕裂中前行的。他们一边是成功，一边是自由；一边是工作，一边是家人；一边是个性，一边是逐流；一边是盼退休，一边是怕老；一边是都市，一边是田园。一个老年人，其实并用不着在撕裂中煎熬。不与富人比，因为我并不穷；不与显贵比，因为我并不贱；不与成功比，因为我并不失败；不与风流才子比，因为我不会自惭形秽；不与幸运儿比，因为我并无时运不济。只有这样，就不会忽视自己的感受，失去自己的空间，泯灭自己的思想，就会使自己自洽在孤独之中。这种自爱，是一种素养，也是一种能力。有了这种自爱，才能爱别人。这与富裕者才能馈赠他人是一个道理。

面对孤独的拷问，要与孤独签一份体面的协议，把喧嚣与浮躁拒之门外。茫茫人海一望无际，要学会怡然自适。要以孤独为师，由内走，向外看；与孤独寂寞为伍，品尝孤独的味道。不必为了迎合任何人，通过扭曲自己、萎缩自己来达到与别人的投契。低质量的社交，不如高质量的寂寞。在"三观"不合的人群中，坚持自己的孤独。与其选择浅薄地合群，不如选择深刻地孤独；与其选择违心地合群，不如选择本真地孤独。

　　要学会跟自己玩，拓展自己的空间。一个人在退休之前，汲汲营营大半辈子，该努力的努力了，该争取的争取了。退休之后，应该听听内心的声音，按自己感觉舒服的方式过日子。可以是高雅地看书摄影、著书立说、旅行画画，可以是大众的健健身、打打牌、跳跳舞，也可以是日常的种种菜、养养花、喝喝茶、做做饭、遛遛狗。不管合不合群，自己的生活丰富有趣，身心怡然，自得其乐就是非常享受的。在这些活动中，阅读应当是排除孤独的最好途径。对老年人而言，阅读是一项精神利益，是滋润生活的一种寄托，它可以给人一个退身之所。在阅读中，与经典作家对话，与经典作品中的人物对话，谁都可以从中找到自己的快乐。正如小鸟可以找到小鸟的暖窝，大鹏可以找到大鹏的蓝天。

　　第二，找到归属感，保持与社会的联系。

　　人是群居的动物，脱离不了人际交往。任何人都是世间的，不是超世间的，芸芸众生在大千世界来来去去，每个人既是独立的个体，又注定与社会发生某种关联，他必然归属于一定的组织、一定的群体，像党派、社区、工作单位、同学圈、同事圈、微信圈等。要通过这些组织和群体，适度拓展基于兴趣、爱好的社交圈，保持与社会的联系，以缓解社交的缺乏、情感的落寞。同时，也在这种联系和交往中了解世界、了解周围的动态，并从中找到新鲜的刺激，以激活自己的思想、激活自己的精气神。一旦找到了这种归属感，就能从中找到自我身份的认定和与之相应的安全感。

第三，把友情定义得宽泛些，让它的边界模糊些。

朋友，是一个内涵很丰富的概念。朋友中，有益友、有损友，有好友、有坏友，有精神交流型的、生活照顾型的，还有共同爱好型的。人上了年纪，想要打破人际交往的旧有环境，建立与世界的新联系，就不能把自己裹得太紧，更不能把自己封闭起来。如果你攥紧拳头，别人也就无法与你握手了。而要保持与社会的联系，不妨让朋友的边界模糊些。不必把朋友界定得太清楚、太纯粹。

不妨对朋友做一种弹性的划分：凡是有过交往的，即为熟人；凡是有共同爱好的，即为朋友。朋友，未必是知己；知己，未必是朋友。对自己喜欢的人，不因喜欢而盲从；对自己讨厌的人，也不因讨厌而排斥。可以是琴棋书画、吹拉弹唱、吟诗作赋的雅友，也可以是网上遨游、旅行观光、扑克麻将的玩友，还可以是球友、钓友、票友，甚至饭友、酒友。

与各种朋友交往，不必在乎"神"交、心交，更不必要求别人符合自己的想法，甚至无关他们的身份修养，无关他们的雅与俗、厚道与刻薄、大方与吝啬。与各种各样的朋友在一起，打牌便打牌，钓鱼便钓鱼，健身便健身，喝酒便喝酒。对兴趣不同，甚至互不认同的人，应学会接纳，只求在一个频道上沟通就行。道不同不相为谋，但不等于道不同不相为食、不相为伴、不相为乐、不相为娱。大家在一起，玩得开心就成。一局玩完了，就"各回各家，各找各妈"。这样，大家和谐相处，各类交往就可以长久地维持下去。

这样的朋友交往，彼此不计较，心态好；不攀比，无烦恼。不必拧巴，不必为"为朋友两肋插刀"的江湖友情所绑架。如果哪一天玩得不自在、不开心了，和某人不对付了，就退群，也不必压抑自己的情绪，让自己成为一个装笑的假面人。这样的交往，彼此也不会欠那种还不起的人情，更不必试图左右逢源而左右为难。

第四，不忘老朋友，珍惜真朋友。

一个老年人，在此前几十年的经历中，在人生的不同阶段，总有三五个同声相应、同气相求的朋友。这种朋友，就好像在生命的某个拐弯处等待注定的相遇。这种朋友，不可能太多。因此，有"人生得一知己足矣"之说。有人说"我的朋友遍天下"，这不过是一种主观的夸大，一种浅薄的自负。真朋友间的真友情，是一种重要的精神资源，一种重要的人生寄托，弥足珍贵。到了晚年，对这种友情要特别珍惜。不管彼此空间关系如何变换，对这种志同道合的同志、掏心掏肺的知己、同甘共苦的至交、为朋友赴汤蹈火的异姓兄弟姐妹，都要珍藏在心底里。有条件的，时常联系；没有条件的，也要不以山海为远。诚如西方谚语所说："只要放在心里的朋友，天天都见面。"这种友情，就像听闻钟声一样：保持一定的距离，关系才像从远处听到的一样美妙。对于这种老朋友、真朋友，不管余生还有多长，都要彼此关心关怀关注，心灵相通，互相支持和激励，直到终老。

3.4　余生中的情爱，当有更大的自由

对于老年人的情爱，或者说性，人们总是闪烁其辞，甚至讳莫如深，因此也容易被忽视和漠视，甚至被歧视和鄙视。其中有一句最流行也最容易被歪曲的话是"少年夫妻老来伴"。这句话的本义是，年少的夫妻，等到老年才是真正的伴侣。或者说，年少的夫妻可能因某种原因而相互不和，可到了老年，才是双方相互支撑的开始。那种几十年如一日的磨合，是一种浓浓的亲情，一种融入生命的东西，一种互相依存的生活模式。而在日常生活中，这句话往往被普遍解读为：年少夫妻有性生活，才是夫妻；老年夫妻没有性生活了，就只是伴侣了。这种解读谬种流传，为害不浅。它在一定程度上扭曲了老年人的性心理，漠视了老年人的性需求，损害了老年人的健康和幸福。

　　一个人、一个生命，只要他还活着，就有性心理、性需求。从生理层面上讲，人的性欲望是不会消失的，只是随着年龄的增长，性能力呈下降的趋势，但绝不是性欲望和性能力的丧失。而且，人作为高级动物，不像其他动物那样有发情期，人随时都具有一定的释放和接受性的能力。

　　应该说，老年人的性与年轻人的性一样，是本能，跟吃饭一样，欲望而已，与廉耻无关，与人格的高下无关，与道德无关。老年人的性爱与青年人的性爱，同等重要，不过是方式、力度和频率不同罢了。好比人活着，必须通过进食来摄入营养一样。年轻时，可以胡吃海塞，大快朵颐；年纪大了，咀嚼功能退化，吞咽功能退化，就需要吃得精致些，也只能细嚼慢咽。如果生病了，口腔不能进食，还得通过注射的方式，甚至通过鼻饲的方式进食，以补充营养和能量。年轻人的性很有激情，很有力度。而老年人的性，则比年轻人要柔和得多，频率也低一些，它可以是讲情话、抚摸、接吻、拥抱等多种方式。

　　老年人的性爱，老夫老妻间性的体贴和关怀，有着很强的保健功能。从心理上讲，和谐的性生活，有利于消除老年人的失落感、挫败感，让老年人感受到夫妻的热情、温情和真情，让老年人感到人间有爱，未来有光，以此来增进心理健康。从生理上讲，适度的性生活，对身体健康有很多好处。它不仅使人在释放后精神振奋，舒筋活络，通体舒服，还可以预防和缓解种种疾病。老年人保持有规律的性生活，能激发崭新的生命功能，至少能保护前列腺，促进阴道分泌物的增加，延缓皮肤衰老和萎缩。如果老年人的性要求不能得到释放和发泄，就会造成生理和心理的憋堵胀，就会像饥寒交迫一样难受。

如果说，性是生活的附属品，那也是一种必要的附属品。人可以随着岁月的流逝老去，但爱和性却不会。老年人仍有对情爱的要求，仍有求偶的愿望。如果这种要求被压抑，不仅会影响生活的质量，还会增加性风险。现在，由于社会心理对老年人性要求的漠视，或者因为一些世俗偏见的禁锢，一些老年人的性要求需要被释放时，只能暗地里寻求伙伴，由此引发种种地下情或黑色交易。这不仅有道德风险，还可能引发艾滋病等性病的传播。

因此，老年人的性应当被重视，不应当被漠视；应当被尊重，而不应该被歧视；应当给予老年人更多的自由，而不应该禁锢。何况，老夫老妻是彼此最大的依靠，他们感情上互为寄托，生活上分享幸福和痛苦，这是谁都替代不了的。

第一，别让"万恶淫为首"之类的群体偏见压抑老年人的性需求。

现在，人们对性爱方面的偏见不少，人的性爱往往与人的品行、人格、廉耻挂钩，让人喘不过气来。人们的性行为，动不动就被认定为踩线、过界、越轨，动不动就被人抡起道德大棒加以指责，这就给人以种种无形的压抑。这一点，对年轻人是这样，老年人也是这样。应该说，相对于年轻人而言，老年人的性心理更成熟，性需求更平和，性经验更丰富。他们更能管理自己的身体，更能把握自己的需求。他们的性活动更稳定、更安全。因此，对老年人的性应有更大的包容度和开放度，让他们享有更多的自由。不要那么多禁忌，不要那么多防范，更不要动不动就以"老不正经"来加以指责和阻拦。应该让他们的性需求得到有效的发泄和释放，让他们在完美的性爱中得到快乐，而不应该让他们自我压抑，最终成为无爱无性的绝缘体。

当然，老年人在满足自身的感情、身体需求时，要遵守公序良俗和法律法规，要顺其自然，顺性而为，不应当逆性而为。既不要压抑，也不能放纵，不要通过服用药物来提高性能力和性活动的频率。这不仅是一种自我保健，也是一种自重。

第二，家庭、家人对老人的性爱，应有更多的关照。

家庭的基本作用是性、生育、教育、生活四项。其中，性是第一位的，它是婚姻家庭的基础。没有性，就没有夫妻，就没有子女的繁衍。性作为本能，它与衣食住行同等重要。作为老夫老妻，照顾老伴的日常起居，关心老伴想吃点什么、想穿点什么，太正常不过了，为什么在照顾老伴的性需求时，却羞于启齿呢？作为子女，帮助年老的父母改善生活，让他们吃得好一点，穿得好一点，天经地义，为什么对照顾老父老母的性需求却三缄其口，甚至还自觉不自觉地设置障碍呢？这实在是人们的感情误区、认识误区。

作为子女、家人，要善解老人的意愿，多多关心，多多体贴。平时家居，要尊重老人的隐私，上门探视、上门办事，要预约，不要如入无人之境，不要随便干扰老两口的二人世界，不要打搅老两口的私密空间。如果需要父母为自己搭把手，或做家务，或看孩子，不要随便造成老两口的分居，应该尽量让他们"公不离婆，秤不离砣"，尽可能让他们成双入对，双栖双宿。让老夫老妻在黄昏时平淡相守，寂寞时找个肩膀靠一靠。如果子女只图自己方便，让老人长期分居，这是不道德的。父母双方，如果一方因病或别的原因先走了，致使一方落单了，这往往会使落单的一方一下子没有了生活的重心，会带来莫名的痛苦和煎熬。生活的压抑，无人倾诉；心中的悲哀，无法释放。而且老人失偶之后，缺乏充足的情感支持和慰藉，健康风险和死亡风险会显著增加，这就是所谓的"丧偶效应"。对此，家人、子女要设身处地，主动关心，积极张罗，帮助他们脱单。为人子女，要体谅老人辛苦了一辈子，桑榆晚景之际，找个老伴共度晚年时光，理所应当，不应拦阻。千万别用什么"要正经"的观念去禁锢父母。你们所要的"正经"说不定正是父母的痛苦。

第三，老年人要捍卫自己的权利和自由。

婚姻是一对一的民主，一加一的自由。老人要理直气壮地追求这种民主和自由。自己的人生，必须自己珍视；自己的权利，必须自己捍卫。对于自己的感情需求，要敢于表达，善于表达，用不着羞羞答答，欲说还休。对于家人和子女漠视自己晚年"性福"的行为，要敢于说不，敢于让他们的反对无效。如果晚年丧偶，要摒弃世俗偏见，想爱就去爱，大胆地追求爱，来一场轰轰烈烈的黄昏恋也无可指摘。无论如何，千万别让世俗偏见的泥沼淹没了老年人应有的生活。特别是老年女性，更要敢于追求自由。统计表明，女性平均寿命比男性长四五年，85 岁的老人中，女性与男性的比例大约为3∶2；100 岁的人群中，这个比例为 2∶1。因此，老年女性更要转变观念，敢于追求自己晚年的自由。只有这样，老年人才可以真正摆脱折磨自己的"单相思"之苦，也摆脱折磨别人的"虐待狂"之忧，享受既不折磨自己，也不折磨别人的爱情。

第四章

余生生命观

4.1　余生的保健与医疗

保健与医疗，是人类社会永恒的课题，它贯穿于人类发展的全过程，也贯穿于每个人生命的全过程。就生命个体来讲，在人生的每个阶段，保健和医疗的重心不尽相同。如果说，一个人青少年时期保健和医疗的重心是确保身体茁壮成长，成年时期保健和医疗的重心是让青春的能量充分燃烧释放，实现人生价值，那么晚年时期保健和医疗的重心，有的人可能认为是延年益寿，但实际上应当是提高生命的质量。

之所以说老年人保健和医疗的重心是延年益寿，是因为处于茁壮成长阶段的少年，头脑里还没有延年益寿的概念；处在生命燃烧阶段的青壮年，还根本顾不上延年益寿；唯有到了老年阶段，人们才开始感觉到老之将至，才越发真切地感受到生命的宝贵、延年益寿的紧迫。

显而易见，我们的老年人，尤其是那些年过七旬的老年人，保健和医疗的需求会越来越多。在保健和医疗上，我们固然要投入感情、心力和财力，但更要投入理性和良知。在生命的尾程，要控制感情的温度，提升思维的品质，提高智慧的层次，才能让余生过得平实平顺，活出晚年的意义和洒脱。

第一，不要把延年益寿作为晚年保健医疗的主要目标。

长生不老，是人类的古老愿望。古往今来，人们追求长寿的脚步从未停歇。没有人愿意去死，谁都想多活些时日，多走些地方，多见些世面，多晒几个新鲜的日头。即使人们向往"天堂"，也不会为了去"天堂"而死。美国谚语说："如果我知道死在哪里，我就永远不会去那个地方。"健康长寿，既是一个个体目标，更是一个群体目标。在现实的社会发展水平和医疗条件下，一个人能活到60岁以上，就算经历了人生的完整过程，相对于那些没能完成人生全过程的人而言，就应该知足。全世界70多亿人口，如果你能平静地活着，至少就比30亿人更幸运。

人生没有活够活不够的问题。一味地追求长寿，甚至为了长寿而不惜压制生命的激情和活力，不仅是痛苦的，还是愚蠢的。人衰老到一定程度，病到一定的程度，甚至到了失能、失智的程度，还要贪婪地活下去，不仅没有什么意义，还可能自取其辱。一个人活到七八十岁，在人世间生存过这么长的时间，已经享用了地球上大量的资源，现在已丧失了生产生活的能力，到这个阶段应该已经懂得满足。那种以眷念社会、眷念事业、眷念亲人为由而苟活于世的行为，不过是一种自私的贪生。

而有这样一些人，他们不在乎活得长久不长久，而在乎活得精彩不精彩。如果在平淡且长寿和短命且灿烂之间做出选择，他们宁愿像流星一样划过夜空，或者像樱花一样短暂怒放，这应该是一种洒脱的人生态度。如果在活得只有痛苦、没有快乐的时候，以自然的方式凋谢，不仅是人生的一种幸福，也是人生的一种境界。

第二，晚年保健的重心，应该是提高生命的质量，而不是长寿。

对任何人而言，有健康才有自由，健康就是最大的自由。好身体是上天赐予我们的礼物，身体就是我们可以移动的世界。老年人要对自己的健康负责，合理地保健，好好地照顾自己的身体，力争健健康康、没病没痛，使身体和精神都处于良好的状态。身体强壮，精神健旺，步履轻盈，满面红光，目光炯炯，思路清晰，五官灵利，反应敏锐，这些状态是人们的共同向往。

免疫力是健康的保护神。保健是最精准、最有效的健康策略，老年人要养成良好的生活习惯，培养科学的行为方式，减少不正确的生活方式，自然淡泊以养生，不断提高免疫力，激发人体自愈力。要善于节制，善于等待，对生命保持耐心，合理地"小炷留灯"，通过低代谢的方式，放弃损害生命的种种透支行为，同不健康的诱惑作斗争。还应该培养一些健康的爱好和兴趣，学会有规律地生活，注意变紧张为闲适，变烦恼为快乐。只要你的精神是轻松而愉快的，你就得到了轻松而愉快的休息。通过保健，提高生命的质量，提高晚年生活的品质。至于是不是延年益寿，则是次要的。

第三，晚年医疗的重心，应该是减少痛苦，而不是长寿。

一个人不论你怎样珍惜健康，也不可能永远地保住它。常见病、多发病会不时袭来：不仅有常见的头痛脑热、感冒发热，还有一些老年人特有的，像面中风、身麻木、冷过敏、热休克等。进入老年之后，身体不只是机能的衰颓，还可能出现精神紊乱、失智等；不仅有冠心病、糖尿病，还可能有一些极为凶险的大病恶疾，像癌症、艾滋病等。老年人的基础病主要有三类：一是基础代谢障碍，如糖尿病；二是免疫功能低下，如艾滋病；三是重大消耗性疾病，如肿瘤。因为各种疾病逐年多起来，老年人与医院打交道的次数和频率也可能逐年增加。

疾病的医疗，从来都具有两重性，它可能是救命稻草，也可能是"夺命稻草"。医生是人不是神，他们为病人治疗，只能是"有时治愈，时常帮助，总是安慰"。医学的局限、医生的无奈、病人的无望，是我们必须接受的现实。而且医疗和护理的最高价值并不是单纯地延续生命，而是提高生命的质量，维护衰老与死亡的尊严。

对于疾病的治疗，老年人要学会泰然处之。不要持不切实际的幻想，不要寄希望于现代医疗和当代华佗为你药到病除、妙手回春。在接受治疗时，首先考虑的应该是减少痛苦，而不是打败疾病。面对疾病，要"足够地思考，最大化地获益"。任何治疗，首先要看是什么病，不治疗的后果是什么，治疗的好处又是什么？有人说疾病的治疗是三个三分之一："三分之一的不治即愈，三分之一的一治就愈，三分之一的治也不愈。"比方说，普通感冒就是一种自限性疾病，其发展到一定程度，就会自动停止并逐渐痊愈，并不需要特殊治疗。而有些病则可能会越治越多，越治越难，越治越重。真正的医学奇迹，通常只发生在两个领域：创伤治疗和危机干预。可惜这两项只占医学领域的 15%，其他 85% 的疾病，现代医疗都意义有限，而且疗效也不确切。

因此，面对疾病，要进行足够的思考，切不可盲目。一位医生讲了这样两个病例：有人长了一个小小的肿瘤之后，千般折腾。折腾医院，折腾医生，折腾亲属，不断地复诊，不断地转院，最后凄凄惨惨地死去。而另一个病人带着一个大肿瘤嘻嘻哈哈地活着。他的结论是，肿瘤大小不重要，病人的内心是否盛得下肿瘤才是最重要的。再比方说，一个绝症患者，如果不手术，可能存活 5 年；如果手术，伤筋动骨、开膛破肚后，可存活 5 年或者更长时间，但也可能死在手术台上，或者手术的预后不好，反而徒增烦恼不胜其苦。显然，这就需要通过比较来求得最大化获益。这里的获益，最重要的不是多活一年两年，而是怎样治疗能减少痛苦。

一个老年人病了，当然要适度治疗，但切忌过度治疗。不要把生命的尾程交给医生，不要把终生的积蓄交给医院。不治即愈的微恙小疾，可以不上医院，也不用服药。一治就愈的病就及时就医，尽可能压缩病程，减轻疾病带来的不适和痛苦。对于治也不愈的病，要审慎决定治与不治，大治还是小治。在不痛苦的情况下，能缓就缓一缓，能保守治疗就保守治疗。绝不要过度检查、过度治疗、无病吃药、小病大治，更不能病急乱投医。过度治疗不利于健康，做不必要的治疗，吃不必要的药，花费大把的钱不说，还会把身体搞坏。俗话说，"耳不掏不聋，眼不揉不红"，这是对过度医疗最通俗的表述。还有，对处于弥留之际的病人，应尽量不做创伤性抢救，尽量减少医疗资源的无谓消耗，尽量减少亲情消耗，也尽量减少自己积蓄的消耗。有医生说，有60%的癌症病人，将60%的积蓄用于生命的最后28天。这不仅是病人的悲哀，也是医学的悲哀，还是人性的悲哀。

一个老年人接受医疗，还应该守住一条底线，那就是不能把自己的生存权建立在别人的生存权之上，抢占别人的生命通道。不论社会发展到什么程度，也不论医学发达到什么程度，优质的医疗资源总是相对短缺的。而我们老年人，特别是那些有充分财务自由或者有社会地位的人，在医院里"压床养老"，就是一种抢道行为，一种占道行为。有的人到了弥留之际，为了延缓他的死亡，还用上很名贵的药物和很高级的医疗手段，不惜代价地进行抢救。这更是一种"抢道""占道"行为。对于这种行为，病人应该懂得节制，社会也要进行批判和引导。

第四，回归常识，不做无谓的保健和治疗。

对于老年人而言，不论是想延年益寿，还是想提高生命尾程的质量，都得提高健康素养，加强保健，合理医疗。长远来讲，人类的医疗和保健，应该逐步由以治病为中心转向以保健为中心。现在的问题是，大量健康人群在宣传的攻势下，盲目接受不必要的治疗或服药，承受着社会压力和副作用的困扰。有不少老年人更是追求太过，简直是想长寿想疯了，以致误入歧途，或者被别人带进陷阱。这就需要正本清源，回归常识。

一是可以心中有神，但不必求神拜佛。

人们可以信神，可以相信佛法无边，但信神要真信，不能假信，不能将信将疑，不能"宁可信其有，不可信其无"。著名物理学家史蒂芬·霍金说："我注意过，即便是那些声称一切都是命中注定的而且我们无力改变的人，在过马路之前都会左右看。"这样的人求神拜佛，显然就缺乏足够的虔诚。如果真信的话，就要相信"举头三尺有神明""人在做，天在看""恶有恶报，善有善报"。就要行善积德，多干好事，不干坏事。"开运场""转运符"是不靠谱的。如果某人一方面作恶，一方面又祈求神灵保佑，那是对神灵的亵渎和欺骗。

二是远离保健品，远离伪养生，不把养生搞成"养祸"。

医学科学表明，在影响人体健康的因素中，生物学因素占 15%，环境因素占 17%，行为和生活方式因素占 60%，医疗服务只占 8%。因为养生在保健中如此重要，寄生于养生方面的种种伪科学便甚嚣尘上，陷阱多多，弄得养生市场很不安静、很不干净。林光常的地瓜防癌、李一的电流治病、张悟本的绿豆汤治病、马悦凌的泥鳅当归治绝症，还有吃生茄子治便秘，等等。各色养生大师一茬接一茬地涌现，你方唱罢我登场，但这些大都是骗人的。还有这样那样的土方、偏方，以及游医，屡屡把老年人保健意识带偏了路。他们看似天使，实则魔鬼。他们设置的种种骗局，把老人当工具，既骗老人，又骗医保，让一批又一批的老年人上当受骗，以致于老年群体成了种种养生骗局的重灾区。有的老人居然回回上当，当当不一样。还有的被忽悠得走火入魔，如飞蛾扑火般地将一生的积蓄大把投入，甚至为此倾家荡产。这些乱象的根源在于老年人对养生的痴迷和他们对健康的过度关注。

对于种种伪科学、伪养生，要擦亮眼睛，坚定心智，回归常识，坚持合理地生活。要懂得一个基本道理，世界上没有包医百病的灵丹妙药，没有不讲使用条件、不考虑个体差异可以无限制使用的保健品。面对吹得神乎其神的灵丹妙药和保健品，我们都应该让它先过常识这一关。过不了这一关的任何神药和保健品，都不能让它们有近身的机会。

三是不能盲目跟风。

人体无异于一个小小的宇宙，现代医学关于人体的认识，还处在不断深化和探索之中，而且学派林立，有大同小异的，也有根本对立的。因此，关于保健和养生，我们要做自己这个微型宇宙的主人，可不能听到风就是雨，"捡到篮子里就是菜"，不能因为听到五花八门的养生知识多了，反而不知道怎么做了。以运动养生而论，现在主流派的理论是"生命在于运动"。有的甚至主张病人拔掉针头，丢掉拐杖，扔下药丸，加入到运动的队伍中去。但主张运动养生的人，其主张也大相径庭。有的主张"百练不如一站"，有的主张"百动不如一走"，有的主张"百练不如一吼"。如此等等，令人无所适从，莫衷一是。

对于众多的养生主张，我们要从自身条件出发，择善而从。自己的命，自己负责；自己的病，自己买单，不要被别人牵着鼻子走。有病还得求医，该服药还得服药，以运动代替看病吃药是不行的。至于从事什么运动，要从自身条件出发，该动养就动养，该静养就静养，动静得宜，适当变化肯定是有益的。比方说，坐着是休息，但坐久了站起来就是一种休息；躺下是休息，但躺久了站起来又是一种休息。不管怎么说，都要让身体和心灵统一在和谐的水平上，这就叫自然最舒适、自然最养生。

4.2　走好余生的最后一公里

余生的最后一公里，是人生末端的末端，尾程的尾程。蓦然回首，转眼就是一生，转身就是一世。用加西亚·马尔克斯的话说，就是"我们趱行在这个亘古的旅途，在坎坷中奔跑，在挫折中涅槃，忧愁缠满全身，痛苦飘洒一地。我们累，却无从止歇；我们苦，却无法回避"。这大体上就是余生最后一公里的窘境。一出戏的谢幕，是设计好了的；而人生的谢幕是难以设计的。我们应该把通向坟墓的钥匙攥在自己手里，以自己能够接受的方式，尽可能死在自己能够接受的时间、能够接受的地点。

总体而言，在人生的最后一公里，真正无疾而终、寿终正寝的人是不多的。如果一个人按自然法则自然死亡，是舒服的死，本人没有痛苦，活着的亲友也不至于太过悲伤。但多数人是在病痛的磨难中死去的。2019年，中国人均预期寿命是 77.3 岁，健康寿命为 68.4岁。老年人老死与病死的比例大约为 1：3。这就是说，就多数人而言，不管他身份贵贱，家境如何，他人生的最后一公里，是在程度不同的病痛折磨中死去的。

人生的最后一公里，面临的最大痛苦是"五失"。

失能，失智，对被医疗机构下了生命的"最后通牒"之后的失望，还有失偶和失独。以上"五失"，任何一项落到任何人的头上，都是相当沉重的。对于他本人及其家人，轻则是困难，中则是苦难，重则是灾难。而且其时长无法把控，三五个月说不准，三五年指不定，五年十年也保不齐。那些有社会地位或经济实力的人，尽管他们有充分的财务自由，享受顶级的医疗服务，但病痛的折磨同样不可避免。中产阶级只能苦苦支撑，等待命运的解脱；底层社会的人们，经济拮据，小病靠躺，大病靠扛，生活得更是悲戚。

人生的最后一公里，是离死亡最近的一公里，也是最痛苦的一公里。

有人说，人类的痛苦不外乎精神层面的、物质层面的、身体疾病层面的三种。而人生最后一公里，则是三个层面的痛苦全占了。从精神层面来讲，一个人明知自己不久于人世，即将告别人世，告别自己的亲人，告别自己深爱的事业，其痛苦是不言而喻的。从物质上讲，面对养生、医疗所需的巨额费用，多数人并没有充分的财务自由。他的治疗，时刻都面临着沉重的财务压力，并因此给亲人带来沉重的负担。对于他的病入膏肓，亲人们万般无奈，医护人员回天无力，而他自己也生不如死。即便如此，也不能自主地放弃生命。这三重苦难叠加在一起，笼罩在自己的天空，这当然是人生中最痛苦的事了。

人生的最后一公里，是最无奈，也是最无助的。

一个人到了人生的最后一公里，不论他曾经贵为天子，富甲天下，智若圣人，还是美若天仙，都会一天比一天狼狈不堪，老、蠢、丑、臭一并袭来：说话口齿不利，无法正常表达与交流；生活不能自理，身上插满各种管子，气管、胃管、尿管、肛管、引流管，等等；躺在床上大小便失禁，弄得满屋臭气熏天；满身褥疮，皮肤溃烂，让人目不忍视。还有，大脑萎缩，没有了正常思维，等等。这些状况维持的时间一长，孝子贤孙孝不起来，贤不起来。与他共同生活了几十年、相濡以沫的老伴，也无沫可濡。就连对他崇拜有加的铁杆粉丝，也只能"相见不如怀念"了。

人生的最后一公里，是低值、零值、负值生存的一公里。

到了人生的最后一公里，已不可能进行任何意义的生产和创造，只是纯粹的消耗：消耗社会财富、消耗医疗资源、消耗亲情。一个重症病人住院治疗，仅陪护费一个月就得好几千元。一个失智、失能老人到专业养老机构养老，每个月的费用一般都在万元以上，而且养老机构因为床位有限不能一一收治。一个植物人在医院的托养，第一年的治疗费用是 50 万元至 100 万元，以后每年还需 10 万元至 20 万元的维护费。这样的困局，撕扯着无数的家庭。这样的开支对很多家庭而言，是无法承受的吸金黑洞。一个家庭一旦有了这样的病人，随之而来的就是不堪的重负。这种生命难以承受的费用之重、照护之重、责任之重，将家庭与家人的希望无情碾碎。难怪有人说，照顾失智、失能老人，无时无刻不是绝望，这是一场看不到尽头的离别。有的子女为陪护重病的父母，辞掉工作，等把老人送走了，说不定就再也难以找到一份工作了；有的孙辈休学陪护，等把老人送走后，他的学业就再也跟不上趟了。

对于人生的最后一公里，有人主张安乐死。但在中国，安乐死现在并不合法。尽管有些病人有这样的理性和意愿，也不得不继续维持生命，在痛苦中煎熬，一直到油尽灯枯之后，昏天黑地地死去。

面对人生的最后一公里，我们老年人应当如何提高死亡的品质，让死亡来得体面些，有尊严些呢？

一是不必恐惧，可以未雨绸缪，提前做好必要的应对。

死亡是人类必然的命运，不管你怕不怕，愿不愿，死亡都会来到你身上，谁都没有选择的自由。就人生来讲，实现自己的理想，抵达终点；外出旅行，抵达终点；参加比赛，抵达终点。这些都是很值得高兴的，为什么生命抵达终点，却要悲伤呢？面对死亡，我们只能消除恐惧，驱散阴霾。面对衰老，不必尴尬；面对死亡，不必恐慌，珍惜人生归途，努力完成人生。生死拿起来重千斤，放下去轻四两，拿不起就放下吧。不妨把死亡视为去天堂度假，正如陶渊明所说："纵浪大化中，不喜亦不惧，应尽便须尽，无复独多虑。"

同时，还要看到死亡的另一面。你这一死，为你恨的人提供了赦免，为恨你的人出了一口恶气；你这一死，逃过了地球的毁灭，逃过了社会的动荡，逃过了瘟疫和战争，逃过了生态灾难，逃过了洪水猛兽，逃过了高温的炙烤，逃过了苦寒的煎熬，更逃过了惨烈的生存竞争，何尝不是一种解脱？因此，不管生命如何短暂，如何坎坷，我们都应该笑着生活，笑着应对，直到最后死去，这样才不枉活一生。我们不应当无视当下的幸福，对死亡焦虑不已。

对于自己的最后一公里，应提前做出安排。对于可能出现的种种情况，应分别拿出对策，做好预案。当然，生活无法准确预测，总有这样那样的意外，但有预案总比没有预案好。比方说，失能之后怎么办，失智之后又怎么办？一病不起之后怎么办，丧偶之后又怎么办？等等。而且，失智、失能是有程度差别的。以失智而论，就有早期、中期和晚期的差别。以失能而论，就有轻度、中度和重度的差别。按国际标准，吃饭、穿衣、上下床、上厕所、室内走动、洗澡等六项指标中，有1~2项做不了的失能为轻度，有3~4项做不了的为中度，有5~6项做不了的为重度。因此，在做预案时，还应区别不同程度做出安排。还有，如果出现以上这些状况，应当如何陪护？是亲人陪护，还是雇人陪护？是居家养老，还是住院养老？是抱团养老，还是组合养老？是搞家庭病床，还是住院治疗？等等，这些都得提前安排。在这类问题上，可不能车到山前必有路。因为事到临头，临时开路是来不及的。

二是放弃无意义的对抗。

人都得死，这是铁板钉钉的，只是我们无法确定什么时候，以什么方式去死。历史上的皇帝应该是最不想死，也是同时代中最有条件不死的人，但他们照样得死。到了人生的最后一公里，明明知道自己的生命将不再继续下去，到了该结束的时候，就应该放弃无意义的对抗，朝结果的方向走。不与命运对抗，不与人性对抗，不与时间对抗。凡是有生命的东西，与时间对抗的结果，最终都是失败的。不要信奉"好死不如赖活"，而应该信奉"好活也要好死"；不要心存"就算没有希望，还盼奇迹发生"的侥幸。保健如登，病来如崩。人老了，"登"不动了，要"崩"就崩吧。

要接受季节就是季节，代谢就是代谢，生死就是生死，悲欢就是悲欢，放弃在死亡线上的挣扎。有些临终的医疗手段，不过就是在濒临死亡的病人身上实施一次电击，让他抽搐一下，以表示不惜代价地挽救生命。这不过就像在一只死青蛙身上通电，使它浑身颤抖一样，并没有实际意义。

在生命的最后一公里，要注意为家人和子女减负，不要让他们为你牵肠挂肚。要让他们放心地大步远走，去干自己的事业。在你生命的尾程，子女能为你做好安排，提供种种保障，在繁忙的工作、学习之余，时不时地来探视，保持与医院和养老院的沟通协调就行了，不一定全天候地陪护。如果在你弥留之际，子女放弃工作，放弃学习，成天"儿孙绕膝"，围绕在你身边要房产证，要存折、银行卡，那这不仅是你的悲哀，也是你这个家庭的悲哀。

二是不要靠别人。

人活一辈子，能够从生到死始终陪伴自己的只有自己。快乐来了，最快乐的是自己；痛苦来了，最痛苦的也是自己。到了最后一公里，能指望的最好也是自己。靠别人靠不住，也靠不起，靠自己才是捷径。靠自己生活，灵魂都是安宁的。一个人病入膏肓了，儿女照顾得再周到，也没有自己照顾自己自在；上天再慈悲，也帮不了你。到了最后一公里，要靠自己的智慧，靠自己的豁达，能自己扛的就自己扛。人生一场，活是自己活，死是自己死，来去之间的路也是自己走。如果实在扛不住了，就像宋美龄说的那样："上帝让我活着，我不敢轻易去死；上帝让我去死，我绝不苟且地活着。"

在人生的最后一公里，要过自理为主、护理为辅、他人为助的生活。无论在家里、在医院，还是在养老院，无论是自理、半自理，还是全护理，不同阶段的护理有着不同的要求，也有不同的收费标准。不论什么情况，最好是自己支付费用，尽可能减轻家人的负担，决不能"绑架"亲人。也不要靠组织，你的住院治疗，可能单位上已按规定给你支付了相关费用，还礼节性地派人探视、慰问，这已经够不错了，你不能再提出什么要求了。人性最大的恶，是消耗别人的善良。一个人到了最后一公里，就不要随便消耗别人的善良了。不然，就是为老不尊，甚至是为人不良。

四是尽可能压缩零值、负值生存的时间。

一个老年人，仅仅活着并不值得称道，值得称道的是活得美好。一个人老到或者病到不能自理，离开他人就活不下去的程度，就会造成家人、组织和社会的负担。再生存下去，不仅没有什么意义，也没有什么乐趣了。一个人活到这个份上，不能还想着"自甘老朽、饭来张口、衣来伸手"，不能还想着"好死不如赖活"，不必为求生而垂死挣扎。而且，一个人死得幸福，亲人也会感到欣慰；一个人死得痛苦，亲人也会痛苦。应该有这样的人生境界，与其逃避现实，不如笑对人生，应该努力让别人为你的生存而舒服，不因你的生存而痛苦。

对于一个老年人而言，被需要是最大的价值，如果不被需要，生存的意义就不大了。社会变迁的总体趋势是，老年人在家庭和社会上双重边缘化。老而无用，逐渐成为家庭和社会负担，这是必然的。当一个人进入零值、负值生存状态，要保持尊严就很难了。对零值、负值生存的人而言，不拖延地离去，是一件有尊严、很幸福的事情。在"安乐死"没有立法之前，病人可以要求镇痛，可以要求通过治疗来减轻痛苦，但应当拒绝其他没有必要的创伤性治疗，更不必长时间在重症监护室进行抢救。

五是从信仰中寻求慰藉。

信仰是人们精神的避难所，灵魂的庇护所。对信仰宗教的人们而言，信仰对象高居天际，充满仁慈，它神秘而高远，庄严而圣洁。它的涓涓细流，默默地滋养着他们的灵魂。因此，信仰宗教的人，在死亡问题上，能把有限的问题交给科学，把无限的问题交给宗教；把自然的问题交给科学，把超自然的问题交给宗教。

在死亡面前，在生命的尽头，相信灵魂不灭、因果报应，相信转世投胎，相信十八年以后又是一条好汉，何尝不是一种无需验证的托付呢？面对难以割舍的爱情、亲情，承诺去天堂团聚，岂不美哉？如果此生夫妻没有做够，父子母子没有做够，相约下辈子再做夫妻，再做父子，这也不失为一种感天动地的诗和远方。还有，弥留之际的老人，在生时大都有自己膜拜的人，死后想去拜见他生前崇拜的人，或已故的父母，这会给他带来莫大的慰藉。信仰共产主义的，死后去拜见马克思；信仰科学的，死后去拜见爱因斯坦、牛顿、哥白尼；信仰佛教的，死后去拜见佛祖；酷爱音乐、美术的，死后去拜见莫扎特、达·芬奇；崇尚美女的，死后去拜见海伦、维纳斯。这样，就可以各从其欲，皆得所愿。带着这样的意愿含笑九泉，哪里还有什么心思去感受痛苦呢？

六是让死亡来得痛快些。

死亡，是生命不可逆转的永久性终止。任何人面对死亡，或多或少、或大或小地有些生理上、心理上的痛苦。而且，临死的人们，因对自己一生的满意度不同，对死亡的态度也不同。死不瞑目的人，有的是因为此生过得太过幸福，太过优越；有的是因为此生过得太过苦难，太过不平。如何选择痛苦最少的死亡方式，让死亡来得痛快、爽快、畅快一些呢？

人固有一死，但各有各的死法。有的死得好看，有的死得难看；有的死得壮烈，有的死得猥琐；有的死得光明，有的死得阴暗；有的死得伟大，有的死得卑微。有的死在家里，有的死在医院里；有的死在囚室，有的客死他乡；有的暴尸街头，有的抛尸荒野。有的在幸福中死去，有的在悲惨中死去；有的在安宁中死去，有的在恐惧中死去；有的在奢侈中死去，有的在贫困中死去；有的在被崇拜中死去，有的在被诅咒中死去。热情的诗人，唱着生命的恋歌；冷静的哲学家说，死亡是自然法则的胜利；而宗教人士则说，神是总和，我们只是神的组成部分。作为濒临死亡的人，当死神朝你笑时，你就应当迎上去，优雅地、尊严地投入他的怀抱。

死亡的称谓有很多。不同的身份，不同的宗教信仰，不同的年龄，不同的感情色彩，死亡的称谓各不相同，据说达数百种之多。其中最常用的是"见上帝"
"见阎王""上西天""赴黄泉"等。在死亡的多种称谓
中，最郑重又最夸张的要数皇帝之死，叫"驾崩"，有
天崩地裂之意；最普通、最平实的莫过于"走了""过
世"，简直就像日常生活中的出门、回家、上班、下班
一样。

　　一般来讲，如果一个人的死亡像"走了"那样轻松
日常，当是一种很好的结局。一个人能轻轻松松、无牵
无挂、无怨无悔，像一片树叶，带着音乐飘落般地死
去，就是精神的胜利，就是自然法则的胜利。让我们响
应自然的召唤，像落叶归根一样投入死神的怀抱；像艺
术大师完成一场精彩演出之后那样优雅地谢幕。让我们
在人生的最后一公里，一直走在光明、向好、向上的路
上，让落日余晖照亮归途，一路咏唱着"准备好了么，
时刻准备着，老兄老弟、老姐老妹、老夫老妻，将来的
古人，必定是我们"，让自己诗意地死去，优雅地退出
人生的舞台。最后，花香散、灯火寂，清幽现。

4.3 生命终结之后的善后

一个人死了，就意味着他永远告别了天日、空气、生活，抛却了一切欲望。然而，理论物理学家认为，世间存在无数个宇宙，其中人和事的不同状态在不同宇宙同时发生。美国韦克福雷斯特大学医学院的教授罗伯特·兰扎据此认为，任何可能发生的事情都于某一时点在多重宇宙中的某一宇宙中发生，这就意味着死亡不可能"在真正意义上"存在，在人死后生命就变成"一朵多年生的花，在多重宇宙中重新开花"。这一说法，虽然难以考证，但死亡确实不是一件简单的事，它具有多维特征。

从一般意义上讲，死亡有两个意思、两个过程：死就是没有生命，亡就是消亡；死是生命的终结，亡是形体的消失；死是活的开始，活是死的开始。正是从这个意义上讲，人会死三次：第一次是他断气的时候，是生物学意义上的死亡；第二次是他下葬的时候，人们来参加他的葬礼，怀念他的一生，然后作为社会人的他死了；第三次是最后一个记得他的人把他给忘记了，那时他才真正死去，进入了总宁静、大结局。

当一个人进入弥留状态，或者还尸骨未寒时，他可不能一"走"了之，他还不能"拍屁股走人"，还有一些事情"需要他来善后"，使他的结局更加完满。

其一，见了棺材，不必落泪。

一个人进入弥留之际，他的家人或者丧葬公司会把棺材抬进家里，这就是真正地"行将就木"了。他第一眼看到棺材的时候，他应该有见了棺材不落泪的底气。他在这个世界上生活了几十上百年，该做的事，该履行的职责，他都尽力了。从告别人世的那一刻起，他已经向人生总辞职，向各种社会角色——告别。生前的一切，人世间的一切，已经和他没有关系了，不用落泪。他在人世间生活的几十年里，曾经做过一些好事，做过一些贡献，很可以心安理得，不必落泪。或许他在人世间曾做过错事、坏事，但他已经忏悔，并尽力进行救赎，所以也不必落泪。再说，人死后，不论怎么安葬，肉身都很快腐烂，或者火化成灰了，哪里还有眼泪可落呢？

与"见了棺材不落泪"相关的是，死了就要瞑目。人死了就是死了，生前的成败得失、贵贱荣辱、恩爱情仇，都要一笔勾销。可以表达"死了还保佑谁"的善意，不可以发"死了做鬼也不放过谁"的毒誓。不论生前经历过什么，都要死得平和、安详，死了都要合上眼睛。如果一个人死不瞑目，还会给"送终"的亲友留下深深的阴影和悲哀。

其二，以恰当的方式宣告死亡。

一个人的死亡，犹如草木一秋。死亡之前，应拟一个宣告死亡的方案，拟出一份需要知会的名单，连同他们的联系方式。一旦死亡，就正式发出。宣告的对象和内容至少包括：向身边或在外地工作和生活的亲人、朋友宣告，本人已不在人世。如有什么未尽事宜，请联系本人的家人、子女，还请互相转告。向他退休前的工作单位宣告，以便停发养老金和种种福利，核发丧葬费、抚恤金，避免吃空饷，占公家的便宜。还要向户籍管理机关宣告，以核销户籍，核减人口。这些宣告，无需沉痛，却应郑重。

其三，立一份准确、严谨的遗嘱。

到了生命的尾端，特别是在明知自己将不久于人世的情况下，要趁自己高度清醒时留下交待。把自己想交代子女、老伴的事项，包括对家人的期待，对未尽事宜的种种安排，一一交代清楚。在此基础上，还要立一份遗嘱。这份遗嘱，一定要深思熟虑，严丝合缝，不能有漏洞，不能有歧义。这份遗嘱，应该是真实的意思表示，不是屈从于谁的意志，也不必迁就谁。作为平生的最后一次拍板，这个权利理应牢牢攥在自己手里。

其四，要自己想要的安葬方式。

托马斯·林奇在《殡葬人手记》中说："安葬死者，经过这么多程序，就是要表明，他们曾经活过。他们有别于一块石头、一朵杜鹃花或一头猩猩，他们的生活值得叙述和回忆。"他说得太对了。一个人濒临死亡时，对自己的丧葬应有所安排。一般来讲，人们的生养死葬，无非有四种情形：厚养厚葬、厚养薄葬，薄养厚葬、薄养薄葬。对于死者而言，不论厚养还是薄养，都已成为过去，可以供其选择的只有厚葬和薄葬两种。风光大葬即为厚葬，草草掩埋即为薄葬。

与之相关的还有发不发讣告、开不开追悼会、做不做法事等。不论做什么安排，都应该注意两条：一是把丧葬办得喜庆些。现在，英国已刮起葬礼的"欢庆风"，离开眼泪和沉闷的一身黑，离开亲为哀泣、友为泪涟的场景，欢欢喜喜地送别亲友。这是一种文明，应该逐步推广开来。二是把丧葬办得节俭些。人死了，不必讲排场，葬礼办得越简单越好，花费越少越好，牵扯到的人越少越好。这种节俭，应该是死者对社会的最后一份贡献。